C.H.BECK WISSEN

in der Beck'schen Reihe

Frankreich im späten Mittelalter: Ein 19jähriges Mädchen aus dem einfachen Volk hat Visionen und erhält von seinen «Stimmen» den Auftrag, dem König zur Krönung zu verhelfen und Frankreich von der englischen Herrschaft zu befreien. Sie findet bei den Mächtigen Gehör und befreit am 8. Mai 1429 mit einem Heer die Stadt Orleans. Wenig später kann der König in Reims gekrönt werden. Nachdem sie bei dem Versuch scheitert, Paris einzunehmen, wird sie im Kampf gefangen genommen und in einem Inquisitionsprozess zum Tode auf dem Scheiterhaufen verurteilt (30.5.1431). 1450 wird der Prozess neu aufgerollt und die Jungfrau rehabilitiert. Ihre Geschichte ist ein nationaler Mythos der Franzosen und durch die Jahrhunderte immer wieder ein Stoff der Weltliteratur geworden.

Gerd Krumeich ist Professor für Neuere Geschichte an der Heinrich Heine Universität Düsseldorf. Für sein Werk «Jeanne d'Arc in der Geschichte» erhielt er 1990 vom Verband der Historiker Deutschlands den Preis für die «beste Arbeit des wissenschaftlichen Nachwuchses» (gemeinsam mit J. Osterhammel). Zahlreiche Veröffentlichungen zur deutschen und französischen Geschichte.

Gerd Krumeich

JEANNE D'ARC

Die Geschichte der Jungfrau von Orleans

Verlag C. H. Beck

Mit 6 Abbildungen und Karten

Originalausgabe

Gesamtherstellung: Druckerei C. H. Beck, Nördlingen
Umschlagabbildung: Französische Miniatur (um 1505),
Nantes, Musée Thomas Dobrée

Umschlagentwurf: Uwe Göbel, München
Printed in Germany
ISBN-10: 3 406 53596 8
ISBN-13: 978 3 406 53596 3

www.beck.de

Inhalt

Vorwort

Über Jeanne d'Arc gibt es eine Fülle von Literatur – historische Darstellungen, Biografien, Quellensammlungen etc. – mehr als über jede andere Gestalt des Mittelalters. Eine dezidiert knappe «Einführung» in die Geschichte der Jungfrau von Orleans hat deshalb in erster Linie die Aufgabe, sachlich zu informieren über das, was wir vom damaligen Geschehen wissen können. Aber im Unterschied zu vielen anderen Ereignissen und Personen aus dem fernen Mittelalter haben Jeanne d'Arcs Taten und ihr Schicksal eine ungeheure Lebendigkeit behalten. Man möchte mehr erfahren und forscht weiter – aber die wirkliche Herausforderung, nach bald 600 Jahren der widerstreitenden Meinungen, besteht drin, sich mit dem zu begnügen, was man wirklich wissen kann. Ich kann es gar nicht genug betonen: Die Geschichte der Jungfrau ist so faszinierend und ihr Leben quellenmäßig so gut belegt, dass man anders als bei vielen anderen historischen Persönlichkeiten leicht zur Identifikation verführt wird und man das ganze Rätsel der Jungfrau unbedingt lösen möchte. Solche Ambitionen führen unausweichlich zu feinsinnigem Spintisieren, zu Kettenreaktionen von Vermutungen, die dann unversehens zu Tatsachen mutieren. Um die geläufigsten Topoi dieser Verspanntheit kurz zu nennen: War Jeanne d'Arc nicht doch ein Mann? War das vorgebliche Bauernmädchen nicht doch königlichen Geblüts? Hat sie wirklich Erscheinungen gehabt, oder hat sie nur geglaubt, Stimmen zu hören? Die Jeanne-Historiographie leidet mehr als die anderer historischer Gestalten darunter, dass sich immer wieder Überzeugung und Glauben in die wissenschaftliche Diskussion einmischen.

Ernsthafte mentalitätshistorische Forschung kann sich heute mit weniger ideologiebelasteten Fragestellungen begnügen. Ich gehe beispielsweise davon aus, dass Jeanne d'Arc von Stimmen und Visionen inspiriert war, und muss gleichwohl nicht die

Frage klären, ob es wirklich einen Gott oder Engel gibt. Wichtig ist allein, was sie selber und ihre Zeitgenossen als wirklich und wirkungsmächtig ansahen, was sie glaubten und welche Vorstellungen ihr Handeln leiteten. Diese Welt zu rekonstruieren ist die Pflicht einer wissenschaftlichen Darstellung, die Metaphysisches außer Acht lassen sollte.

Das heißt jedoch nicht, dass der Historiker frei wäre von Glauben und Emotionen. Es gibt niemanden, der über Jeanne d'Arc geforscht hat, ohne von ihr fasziniert zu sein. In meinem Fall hat die langjährige Beschäftigung mit den Formen der Überlieferung der Geschichte der Jungfrau tatsächlich dazu geführt, unbedingt auseinander halten zu wollen, was Fakt ist und was Fiktion. Natürlich hat diese «Objektivität» eine klare Grenze, denn die Fakten sind eben nicht immer eindeutig, weil schon die zeitgenössischen Berichte in vieler Hinsicht subjektiv, einseitig und absichtsvoll sind. Auch ist manches Wichtige nur durch ein einziges Zeugnis überliefert. Wie weit kann man sich darauf verlassen? Und welche Folgerungen sind statthaft? Darf ich beispielsweise aus der Tatsache, dass Jeanne am Morgen des Angriffs auf die Engländerforts von Orleans es ablehnte, ihr den zum Frühstück angebotenen Fisch zu essen, schließen, dass sie an Anorexie litt, wie in einer ernsthaften wissenschaftlichen Biografie aus den 1990er Jahren allen Ernstes behauptet wird?

Was ich hier meinen Lesern versprechen kann, ist eine unparteiische Studie «sine ira et studio», in der das zusammengestellt und erzählt wird, was gut oder einigermaßen gut gesichert ist. Ich will versuchen, die auch von mir bewunderte Heldin genauso nüchtern zu beschreiben wie ihre Gegenspieler und Feinde. Wenn dies dann beim Leser zu Nachdenklichkeit und weiterer Reflexion führt, ist der Sinn der Darstellung erfüllt.

Zu danken habe ich vielen Freunden und Kollegen – und für einige gilt dies ganz besonders: Ute Daniel, Gerhard Hirschfeld, Johannes Laudage, Almud Magis und Thomas Zotz, die das Manuskript kritisch gelesen haben; Detlef Felken vom Verlag C. H. Beck, der mich auf die Idee gebracht und nicht nachgelassen hat, das Buch einzufordern; Ingrid Kinzel für energisches und doch verständnisvolles Lektorat; Christiane Bruch, die alles mit Freude geschrieben und dabei auch verbessert hat. All mein Dank aber gilt Renate Rappenecker. Sie hat an das Projekt geglaubt, hat zugehört und mitgedacht. Ohne sie gäbe es unsere «Kleine Jeanne» nicht.

Einleitung:
Der Handlungsrahmen

Zur Tradition einer auf Jeanne d'Arc konzentrierten Nationalerzählung gehört es, vom «Abgrund» zu sprechen, vor dem «Frankreich» stand, bevor die Jungfrau erschien. Ein Abgrund, den sie – mit Gottes Hilfe – überwunden habe. Durch ihre Heldentaten und ihr Opfer sei Frankreich erst wirklich zu einer Nation geeint worden.

Die wissenschaftliche Historiographie hat diesen Topos der französischen Nationalerzählung selbstverständlich längst revidiert und aufgezeigt, wie stark bereits vor dem Auftreten der Jungfrau das Nationalbewusstsein ausgebildet war. So haben etwa die Studien von Colette Beaune und Philippe Contamine zu den zeitgenössischen Mentalitäten nachgewiesen, dass Jeannes Gläubigkeit und Selbstvertrauen durchaus in ihre Zeit passen. Die Entwicklung der Volksfrömmigkeit, die neue Betonung des individuellen Glaubens, die Erwartung schließlich, dass Gott ein Wunder tun werde, um das französische Königtum zu retten: All dies war so stark verbreitet, dass Jeannes Anspruch, Gott habe sie zur Rettung Frankreichs erwählt, ihren Zeitgenossen als glaubwürdig erscheinen konnte. Solche Bemerkung will keineswegs das Außergewöhnliche der Erscheinung der Jungfrau von Orleans mindern. Es soll nur angedeutet werden, dass Jeanne durchaus ein Mensch ihrer Zeit war und dass ihr außerordentliches Wirken nicht aus dem Rahmen des damals Möglichen fällt. Ähnlich hat im Übrigen schon vor mehr als 150 Jahren der große französische Nationalhistoriker Jules Michelet geurteilt, dem es darum ging zu zeigen, «wie natürlich Jeanne d'Arc gewesen ist».

Wie aber war das politische und kulturelle Umfeld der Jungfrau beschaffen; welches sind die Rahmenbedingungen ihres Handelns; wo muss die Schilderung einsetzen, um ihre Taten und ihr Schicksal hinreichend zu erklären? Es mag für unsere Zwecke genügen, sich auf die drei wesentlichen Problemkreise zu konzentrieren, die tatsächlich den «Rahmen» der Ereignisse der Jahre von 1429 bis 1431 bildeten: erstens die Entwicklung des Königtums der Valois-Dynastie; zweitens der Krieg der Monarchie gegen England; drittens die Politik des Fürstentums Burgund als eines Katalysators der Entwicklungen jener Zeit.

Unter der Dynastie der Valois (seit 1328) hatte sich das französische Königtum seit Mitte des 14. Jahrhunderts zu einer Erbmonarchie entwickelt, welche durch die Auseinandersetzung mit England – dem Hundertjährigen Krieg seit 1339 – zeitweilig stark geschwächt, nicht aber delegitimiert worden war. Zur Zeit des immens populären Herrschers Charles VI (1368–1422) war das Verhältnis der Monarchie zu den großen Territorialherren, den Fürstentümern Burgund, Bretagne usw., bestimmt von klarer symbolischer Ordnung und politischer Unterordnung. Das Königtum ruhte nicht allein auf den Pfeilern seiner territorialen Macht und seinem geistlichen Anspruch des gottgewählten, weil gesalbten Königs; unter Charles VI hatte es sich auch eine starke Zentralgewalt von treuen Staatsbeamten geschaffen. Zu jener Zeit wurde auch die Eigenständigkeit eines französischen Staatskirchentums gallikanischer Ausrichtung verankert, welches sich aus der Herausforderung des Gegenpapsttums mit Sitz in Avignon (dem Großen Schisma seit 1378) herauskristallisiert hatte.

Aber die Macht der Orleans-Dynastie blieb nicht unangetastet. Das Fürstentum Burgund etwa entwickelte sich im 14. Jahrhundert zu einer überaus mächtigen Gebietsherrschaft eigener Tradition und Legitimität. Die Konkurrenz zum Haus Orleans war umso grundsätzlicher, als durch die verzwickte (hier glücklicherweise nicht weiter erklärungsbedürftige) Heirats- und Zueignungspolitik (Apanagen) die verwandtschaftlichen Beziehungen zwischen den burgundischen und orleanesischen Zweigen der Valois und den anderen Fürsten äußerst eng waren. Besonders brisant war die Tatsache, dass auch die Herrscher des expansiven Herzogtums Burgund «königlichen Bluts» waren. So wurde König Charles VI zwar von seinem burgundischen Vetter

Philipp der Kühne (Le Hardi) als König von Frankreich anerkannt, aber stark bedrängt, wenn es um konkrete Interessen und Machtverhältnisse ging.

Diese Tendenz wurde durch ein dramatisches Ereignis verstärkt: Im Jahre 1392 erkrankte der König psychisch und schwankte fortan bis zu seinem Tod im Jahre 1422 zwischen klarem Verstand und geistiger Umnachtung. Seinem Charisma tat diese Erkrankung keinen Abbruch, denn der kranke Herrscher blieb beim Volk äußerst beliebt und sein Leiden galt als imitatio Christi. Aber sein langes Siechtum führte zu mehr Bewegungsfreiheit der großen Fürsten, insbesondere des Burgunders Philipp des Kühnen und Louis d'Orléans, des jüngeren Bruders des Königs. Louis d'Orléans, der informell seinen erkrankten Bruder vertrat, gelang es in jener Zeit, seine Hausmacht durch weitere Apanagen erheblich zu erweitern. Sein unehelicher Sohn, Jean Dunois, wurde zum Stadtkommandanten von Orleans ernannt. Der «Bastard von Orleans» – wie er auch genannt wurde – war später einer der Weggefährten Jeanne d'Arcs. Wichtig war auch, dass Graf Bernard VII von Armagnac sich auf die Seite der Orleans-Dynastie schlug und seine gefürchteten Söldnertruppen, die als «Armagnaken» auch in den folgenden Jahrzehnten für ihre Kampfkraft und Grausamkeit berüchtigt waren, dem König zur Verfügung stellte. Dieser Parteinahme wurde so große Bedeutung beigemessen, dass ab ca. 1410 die Orleans-Dynastie häufig schlicht als «Armagnacs» bezeichnet wurde.

Als der Burgunder Philipp der Kühne im Jahre 1404 starb, hatte dessen Sohn Johann Ohnefurcht (Jean Sans Peur) einen schweren Stand gegen Louis d'Orléans, den Bruder des umnachteten Königs. Die ständigen Reibereien um Ehre und Besitz gipfelten in der Ermordung von Louis d'Orléans durch Vertraute des Burgunders am 23. November 1407. Das war der Auslöser zu einem offenen Bürgerkrieg, der noch ein Vierteljahrhundert später, zur Zeit der Jungfrau von Orleans, weiter schwelte.

In den auf die Mordtat von 1407 folgenden Jahren verstärkte das Haus Orleans seine Territorialmacht weiterhin durch gezielte Heirats- und Erwerbspolitik. Das Valois-Königtum blieb durch diese Familienpolitik trotz der geistigen Umnachtung des

Königs ein zentralisierendes Machtensemble. Um das Haus Orleans herum bildete sich die «Ligue de Gien», eine lose Gemeinschaft bedeutender Territorialherrschaften, der u. a. die Grafschaften Anjou, Armagnac und Bretagne angehörten. In diesem Verbund wurde die bereits während des gesamten 14. Jahrhunderts von Orleans betriebene Politik des starken Zentralstaates weiterentwickelt, wohingegen das Herzogtum Burgund sich zunehmend als «Partei der Freiheit, der Traditionen und der guten Sitten» (Kerhervé) empfahl. Im wesentlichen ging es in diesem Fürsten- und Bürgerkrieg der Jahre nach 1407, der vor allem in Paris wiederholt zu Revolten, Machtübernahmen und blutigen Racheaktionen führte, um die Frage, ob die Monarchie oder die Territorialfürsten in Frankreich die Oberhand behalten würden.

Dieser säkulare Konflikt zwischen den miteinander verwandten aber tief verfeindeten Fürsten von Burgund und Orleans nahm eine neue Dimension an, als sich ab 1413 der englische König Henry V mit Ansprüchen auf die französische Krone in diesen «Bruderkrieg» einmischte. Mit der massiven Androhung einer Invasion versuchte er, beide Parteien zu erpressen und gegeneinander auszuspielen. Und natürlich behaupteten die Armagnacs, dass Burgund dem Engländer helfe. Schließlich landete ein englisches Heer von ca. 12 000 Mann an der Seine-Mündung, und am 25. Oktober 1415 kam es zu einer der heute noch berühmtesten Schlachten der europäischen Geschichte, der Schlacht von Azincourt. Die überlegene Taktik und bessere Bewaffnung der Engländer führte hier zu einer vernichtenden Niederlage des königlichen Heeres; viele höchstrangige Führer des französischen Rittertums kamen entweder um oder gerieten in Gefangenschaft.

In den folgenden Jahren bauten die Engländer ihren militärischen Erfolg aus: Nachdem sie die Normandie zwischen Caen und Rouen besetzt hatten, drangen sie allmählich Richtung Paris vor. Diese Landnahme wurde ihnen auch dadurch erleichtert, dass der Krieg zwischen Armagnacs und Bourguignons weiter anhielt und beide Parteien versuchten, mit den Engländern «ins Geschäft» zu kommen, um den jeweiligen Gegner zu schwächen. «Nationale» Solidarität spielte in diesen internationalen dynastischen Auseinandersetzungen und Kalküls noch keine Rolle – wenngleich es zu jener Zeit durchaus schon ein nationales Empfinden gab, wie gerade die Geschichte der Jungfrau von Orleans wenige Jahre später erweisen sollte.

Eine weitere Steigerung erfuhr der Streit zwischen Orleans und Burgund in den Jahren 1419/20, als sich die Burgunder zunächst der Stadt Paris bemächtigten und die dortige rigoros zentralistische und wenig volksnahe Herrschaft der Armagnacs beendeten. Der Dauphin Charles, Sohn des noch lebenden, aber inzwischen fast vollständig geistig umnachteten Königs Charles VI, wurde unter entehrenden Umständen zur Flucht aus Paris gezwungen. Aber sein Anspruch auf die Regentschaft blieb genauso erhalten wie seine originäre Machtbasis an der Loire. Die Städte Bourges und Poitiers wurden in den folgenden Jahren zu neuen Machtzentren des Königtums ausgebaut. In Bourges traten Verwaltung, politische und militärische Größen der Armagnac-Obedienz zusammen, und Poitiers wurde mit seinem «Parlement» und geistlichen Würdenträgern zur kulturellen Zentrale. Wenige Jahre später sollte Jeanne d'Arc in Poitiers von führenden Theologen befragt und überprüft werden, bevor der König ihr erlaubte, mit dem Königsheer zur Befreiung von Orleans aufzubrechen.

Die Schmach der Vertreibung aus Paris saß indessen bei Charles und seinen Verbündeten so tief, dass es wenig später zu einer auf viele Jahre entscheidenden neuen dramatischen Wende kam. Am 10. September 1419 wurde der Burgunderfürst Johann Ohnefurcht bei einem als Versöhnungstreffen deklarierten Zusammentreffen von Begleitern des Dauphins auf der Brücke von Montereau kaltblütig ermordet. Es versteht sich, dass dieser Mord die Gemüter aufwühlte und die Fürsten zu klarer Parteinahme zwang. Für Burgund kam dies einem Dammbruch gleich und führte zu dem Entschluss, sich mit England gegen die Armagnacs zu verbünden. Tatsächlich schlossen Engländer und Burgunder am 21. Mai 1420 in Troyes einen der berühmtesten Verträge der Geschichte Frankreichs, den «Traité de Troyes»: Der Dauphin Charles wurde wegen seiner «enormen und fürchterlichen Verbrechen» enterbt, der König von England als Regent eingesetzt. Die ohnehin von England besetzte Normandie wurde ihm als Kron-Apanage zugebilligt. Zusätzlich gab der König – wegen seines Gesundheitszustandes eigentlich amtsunfähig – seine Tochter Catherine dem englischen Thronfolger, dem Fürsten von Lancaster, zur Frau und setzte diesen als Erben und Nachfolger ein. Welche Rolle Königin Isabeau, eine Wittelsbacherin, bei diesem dynastischen Spiel innehatte, ist in der französischen Geschichtsschreibung viel berätselt worden und darf hier offen bleiben.

Mit dem Vertrag von Troyes wurde die sogenannte «Doppelmonarchie» rechtlich begründet: England und Frankreich wurden zwar von einer einzigen legitimen Königsdynastie – Lancaster – geführt, blieben aber politisch, administrativ und wirtschaftlich getrennt. Tatsächlich schloss dieser Vertrag – wie sich herausstellen sollte – ein weiteres militärisches Ausgreifen Englands auf französischem Boden nicht aus.

Die Theorie der Doppelmonarchie und der Vertrag von Troyes stießen daher von Anfang an auf erbitterten Widerstand. Vielen weltlichen und geistlichen Würdenträgern erschien der Vertrag als klarer Verstoß gegen die altehrwürdigen Traditionen und die Rechte der Monarchie. Zudem stand er in krassem Missverhältnis zu den gerade durch die Wirren des Hundertjährigen Krieges seit Mitte des 14. Jahrhunderts massiv aufkommenden Vorstellungen von nationaler Identität. Man mag über Formen und Reichweite dieses Protonationalismus diskutieren, aber unstreitig gab es auch im Volk einen enormen Widerhall der neuen Ideen von Frankreich als einer Art mystischen Körper. In ihrer wegweisenden Arbeit über die «Geburt der französischen Nation» hat zuletzt Colette Beaune diesen Prozess in seinen vielfältigen Manifestationen herausgearbeitet. Neben örtlichen Feiern, Turnieren und Schauspielen waren für diese neue Denkweise die Transformation des Königsmythos – die Geschichte des Heiligen Ludwig – und die Entwicklung der Legenden um den Heiligen Michael deutliche Indikatoren. Der Mont Saint-Michel, den die Engländer nie hatten erobern können, wurde zu einem viel besuchten Wallfahrtsort der Valois. Und schon als junger Mann ließ sich der Thronfolger Charles VII einen Heiligen Michael, der den Drachen besiegt, als Motto auf sein Banner nähen. Saint Michel wurde zum Protagonisten eines Königtums, welches aus der dynastischen Defensive heraus mit einem neuen sakralnationalen Anspruch zu agieren begann. In den wichtigsten Chroniken jener Zeit wird die Michaels-Legende tradiert, und es ist davon auszugehen, dass sie u. a. auch durch predigende Bettelmönche bis ins ferne Lothringen drang. Um 1425 war Jeanne d'Arc ein aufgewecktes Bauernmädchen von ca. 13 Jahren, die Erscheinungen hatte und Stimmen hörte, die sich auf den Heiligen Michael und dessen Botschaft von der notwendigen Befreiung Frankreichs von der englischen Herrschaft bezogen.

Die ungefähr zehn Jahre, die zwischen dem Vertrag von Troyes und dem Beginn des öffentlichen Wirkens von Jeanne d'Arc liegen, waren eine Zeit der Nicht-Entscheidung. Frankreich war seit diesem Vertrag in drei nicht genau umrissene und deshalb stets umstrittene Herrschafts- und Einflussbereiche geteilt: Gegen das Königtum des Hauses Orleans mit seinen Besitzungen überwiegend in Süd- und Mittelfrankreich stand die von England beherrschte Normandie sowie das englisch-burgundische Kondominium zwischen Somme und Loire, welches vor allem wegen des Besitzes der Hauptstadt Paris – schon damals eine echte Metropole – Bedeutung hatte. In Paris herrschte Burgund und steuerte von dort aus die Verwaltung des französischen Teils der neuen «Doppelmonarchie» mit dem Anspruch, auf Dauer die Macht der – nicht mehr als legitim anerkannten – Orleans-Dynastie zu übernehmen.

Die Orleans-Dynastie fand sich seit dem Vertrag von Troyes auf das damals ironisch sogenannte «Royaume de Bourges» reduziert, welches sie aber, wie gesagt, zu einem echten Machtzentrum ausbauen konnte.

Nachdem im Jahre 1422 sowohl der umnachtete König Charles VI als auch der englische König Henry V verstorben waren, übernahm Bedford, der Schwager des englischen Königs, die Regentschaft für das «englische Frankreich», da Henris Sohn noch ein Kleinkind war. Bedford verfolgte langfristige strategische Ziele, wobei ihm der Bruderzwist zwischen Bourguignons und Armagnacs sehr nützlich war. Im Jahre 1428 begann er

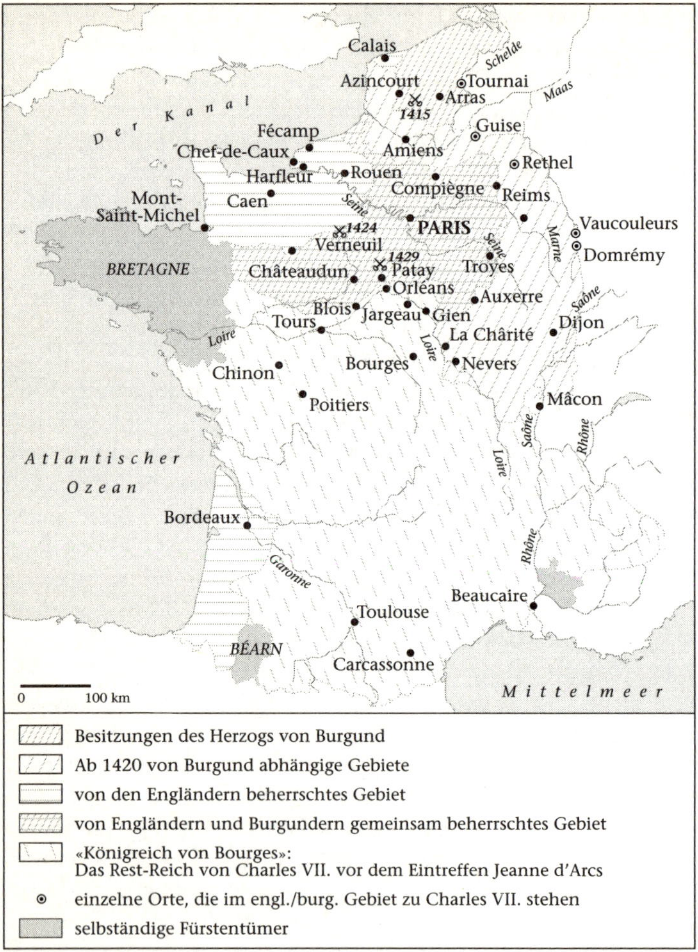

Abb. I: Frankreich zur Zeit Jeanne d'Arcs

schließlich, konkrete Schritte zu unternehmen, um den englischen Einfluss zu erweitern und die Macht des «Royaume de Bourges» zu eliminieren. Als erstes musste die Loire überschritten werden, ein Vorhaben, das ab Herbst 1428 massiv in Angriff genommen wurde; dafür mussten neue Kontingente für das englische Heer in der Normandie angeworben bzw. von England übergesetzt werden. Gleichzeitig erfolgten vermehrt militärische Aktionen in den Grenzgebieten des Reiches. Sogar im fernen Lothringen, wo Jeanne d'Arc und ihre Familie lebte, bekamen die Menschen die Wirkungen des Krieges und der wechselnden militärischen Usurpationen hautnah zu spüren. Am 12. Februar 1429 – dem «Heringstag» – kam es zu einer dramatischen Niederlage eines Valois-Heeres gegen die Engländer, als es nicht gelang, einen Lebensmittelkonvoi in das belagerte Orleans zu bringen. Sollte Orleans an der Loire in englische Hand fallen, dann wäre der Weg frei zur Eroberung auch des «Royaume de Bourges». Als so vernichtend wurde der «Heringstag» am Hofe von Bourges angesehen, dass sich Charles VII auf eine baldige Flucht ins «Ausland», das Dauphiné, vorbereitete. In dieser schwierigen Situation entschied sich der Hauptmann der lothringischen Bezirkshauptstadt Vaucouleurs, Robert de Baudricourt, die seit einiger Zeit vor seinem Schloss wartende Jeannette aus Domrémy, die sich als von Gott gesandte Retterin Frankreichs ausgab, tatsächlich mit ein paar Rittersleuten als Begleitung zum König nach Chinon zu senden. Schlimmer konnte es ja nicht kommen und gab es nicht alte Prophezeiungen, dass Frankreich einmal von einer Jungfrau aus Lothringen gerettet werden würde?

Domrémy

Nach ihrer eigenen Aussage im Verdammungsprozess von 1431, wo sie ihr Alter mit «19 Jahren oder so ungefähr» angab, wurde Jeanne d'Arc um 1412 im lothringischen Domrémy geboren. Ihr Geburtshaus ist heute noch zu besichtigen.

Abb. 2: Das Geburtshaus Jeanne d'Arcs
in Domrémy

Domrémy mit seinen damals ungefähr 300 Einwohnern war ein echter Grenzort, was in jenen politisch so aufgewühlten Zeiten von einiger Bedeutung war.

Die Grenze zum Heiligen Römischen Reich Deutscher Nation und zum burgundischen Territorium verlief knapp östlich des Dorfes. Schon der Nachbarort Maxey gehörte nicht mehr in die Obedienz des französischen Königshauses sondern zu Burgund. Domrémy unterstand der ca. 20 km entfernten Burgvogtei Vaucouleurs unter dem Hauptmann Baudricourt. Diese befestigte «Hauptstadt» der Region war eine der wenigen Städte nördlich der Loire, die weiterhin zum Haus Orleans hielten.

Zur Zeit der Kindheit Jeannes fanden immer wieder Übergriffe auf dieses Gebiet statt. Söldner- und Räuberbanden durchzogen das Land, Raub und Schutzgeldzahlung gehörten zum Alltag der Grenzbevölkerung. Für Domrémy sind konkrete Schutzgelderpressungen (eines Grafen Robert von Saarbrücken) aus dem Jahre 1423 belegt, genauso wie der Einfall eines von Burgund gestützten Räuberhauptmanns, der den Bauern in jenem Jahr ihr Vieh abnahm, das sie allerdings bald zurück erhielten.

Jeanne selber hat im Verdammungsprozess eine lebhafte Schilderung der Emotionen gegeben, die ein Kind, welches unter solchen Umständen aufwuchs, empfinden konnte:

«Gefragt, ob die von Domrémy zu den Burgundern oder zu den Armagnacs hielten, antwortet sie, dass sie nur einen einzigen Burgunder kannte und dass sie gewollt hätte, dass ihm der Kopf abgeschlagen werde, vorausgesetzt, es hätte Gott gefallen». Auch berichtete sie, sie habe mitansehen müssen, wie «einige aus ihrem Dorf, die gegen die von Maxey gekämpft hatten, manchmal schwer verletzt und blutend von dort zurückkamen» (Duby, S. 31).

In jener Zeit der aufwühlenden Ereignisse und konkreten Existenzängste hörte Jeanne nach ihrer Aussage im Verdammungsprozess zum ersten Mal Stimmen:

«Und sie sagte, dass sie im Alter von dreizehn Jahren eine Offenbarung von Unserem Herrn hatte, durch eine Stimme, die sie lehrte, sich gut im Griff zu halten (à soi bien gouverner). Das erste Mal hatte sie große Angst gehabt. Besagte Stimme kam zur Mittagsstunde, im Sommer, als sie im Garten ihres Vaters war, an einem Fastentag, und sie sagte, dass die Stimme von der rechten Seite kam, von der Kirche her. Und dass die Stimme fast nie ohne Helligkeit war, die immer von derselben Seite kommt wie die Stimme. Außerdem sagte sie, dass sie wusste, als sie die Stimme zum dritten Mal hörte, dass es die Stimme eines Engels war. Und dass diese Stimme sie immer wohl beschützt hat. (...) Gefragt, welche Ratschläge diese Stimme ihr für ihr Seelenheil gab, antwortete sie, dass sie sie lehrte, sich gut zu führen und oft in die Kirche zu gehen. Danach sagte sie ihr, dass sie nach Frankreich gehen müsste. Zwei oder dreimal sagte sie ihr, dass sie nach Frankreich aufbrechen müsste. Und zwar so, dass ihr Vater nichts von ihrem Fortgehen erführe. Und dass sie sich beeilen sollte, fortzugehen, und dass sie die Belagerung von Orleans aufheben würde, und sie sollte zu Robert de Baudricourt gehen, dem Stadthauptmann von Vaucouleurs, er würde ihr Leute geben, die mit ihr kämen ...» (Duby, S. 23 f.).

Erst später, im Verlauf des Prozesses, hat Jeanne diese Erzählung präzisiert und auf die Frage, ob die Stimme direkt von Gott oder aber von einem Heiligen gekommen sei, erklärt, die Stimme sei unmittelbar von Gott gekommen. Sie wollte sich aber zunächst nicht auf diese Aussage festlegen. Erst drei Tage später erklärte sie auf erneute Befragung, «dass es die Stimme der heiligen Katharina und der heiligen Margareta ist. ‹Und ihre Gestalten sind gekrönt mit schönen, sehr reichen und kostbaren Kronen. Unser Herr hat mir erlaubt, es zu sagen› (...) Gefragt, woher sie weiß, dass es diese beiden Heiligen sind, und ob sie sie gut voneinander unterscheiden kann, antwortet sie, dass sie gut weiß, dass sie es sind; und dass sie sie wohl unterscheiden kann (...) Ferner sagt sie, dass es sieben Jahre her sind, seit sie ihr zum erstenmal gesagt haben, sich gut zu führen. Ferner, dass sie sie auch erkennt, weil sie ihr ihren Namen sagen (...) Ferner sagt sie, dass sie auch den Rat des Heiligen Michael erhalten hat. (...) Gefragt, welches die erste Stimme war, die zu ihr kam, als sie dreizehn Jahre alt war, antwortet sie, dass es der heilige Michael war, den sie vor ihren Augen sah; und dass er nicht allein war, sondern von Engeln des Himmels begleitet ...» (Duby, S. 34 f.).

Mehr hat Jeanne d'Arc im Prozess über ihre Erscheinungen nicht gesagt, die Erzählung lediglich immer weiter ausgeschmückt. Welche Heiligen bzw. Engel jeweils hinter diesen Stimmen standen, darüber herrscht im Grunde Unklarheit; Jeannes Aussagen lassen es nicht zu, die Visionen und Aufträge, die ihr die Stimmen erteilten, genau auf einen der Heiligen zu beziehen. Erst das hartnäckige Befragen ihrer Richter, denen daran gelegen war, die Stimmen den ihnen bekannten Heiligen zuzuordnen um herauszufinden, ob die Angeklagte nicht schlicht die Unwahrheit sagte, oder ob nicht doch der Teufel hinter ihren Heiligengesichtern steckte, brachte Jeanne zu sukzessiven Präzisierungen. Deshalb ist die begründete Vermutung geäußert worden, dass sie erst während der Verhöre die Geschichte und Gestalten ihrer Visionen ausschmückte, um ihre Richter zufrieden zustellen und von weiteren diesbezüglichen Fragen abzuhalten.

Viel umstrittener aber als diese Details ist seit den Tagen des Verdammungsprozesses die Grundsatzfrage, ob Jeannes Stimmen wirklich göttlichen Ursprungs waren oder ob sie sich nur eingebildet hatte, Stimmen der Heiligen zu hören. Während die einen aus den Stimmen die Heiligkeit Jeanne d'Arcs ableiten, machen die anderen sie zur hysterica, was beides wohl ideologische Entlastung bringt, nicht aber zum historischen Verstehen beiträgt. Uns sollte die Tatsache genügen, dass Jeanne zweifellos Stimmen hörte, die sie aufforderten, Orleans zu befreien. Ob diese Stimmen wirklich oder eingebildet waren, entzieht sich für immer historischer Kritik und spielt auch für Jeannes Motivationskraft keine Rolle. Ihre Stimmen prägten ihre Persönlichkeit und jede einzelne ihrer Aktionen. Für die Menschen des 15. Jahrhunderts war es weniger die Frage, ob Jeanne wirklich Stimmen hörte, sondern ob diese tatsächlich von Gott und den Heiligen kamen oder ob sie nicht eher Manifestationen Satans waren, der sich ohne weiteres auch solcher Offenbarungen bedienen konnte, um die Menschen in die Hölle zu bringen.

Alle Zeitgenossen Jeanne d'Arcs, ihre Anhänger wie ihre Gegner, waren katholische Christen, für die eine Grundwahrheit feststand: Gott wirkt permanent und wo es ihm gerade gut dünkt in die menschliche Existenz ein. Aber auch der Teufel kann und tut das. Wahres vom Falschen zu unterscheiden, war Sache eines schon damals ausgefeilten theologischen Raisonnierens. Sowohl im Verdammungs- als auch im Revisionsprozess ging es vor allem um diese Frage.

Jeanne war nicht die erste und einzige Seherin ihrer Zeit. Aber das Besondere an ihr, schon für die Zeitgenossen, war die ihr aus den Visionen erwachsende Energie, die Art und Weise, wie das junge Mädchen die Aufträge ihrer Stimmen in die Realität umzusetzen wusste. Im Unterschied zu anderen Seherinnen war Jeanne nicht vergeistigt oder verträumt und weltabgewandt. Sie setzte ihre Visionen in politische Tat um, sie war – nach den Worten des wichtigsten französischen Nationalhistorikers Jules Michelet – eine «Heldin der Tat».

Jeanne war also nach eigener Aussage 13 Jahre alt, als sie zum ersten Mal Stimmen hörte, die sie aufforderten, sich «gut im Griff zu halten» und sich innerlich auf die kommenden großen Aufgaben vorzubereiten. Den Dorfbewohnern und der Familie fiel bald auf, dass «Jeannette», wiewohl eigentlich ein temperamentvolles, geselliges und eher selbstbewusstes junges Mädchen, sich einer ganz ungewöhnlich intensiven Frömmigkeit hingab, die sogar ihr Dorfpfarrer und Beichtvater als hyperaktiv empfand. Ihre Natürlichkeit und Menschlichkeit, ihr Stolz und Selbstbewußtsein, aber auch ihre unbedingte mystische Hingabe kommen in den zeitgenössischen Berichten und vor allem in ihren eigenen Aussagen im Verdammungsprozess zum Ausdruck und machen das Faszinosum der Jungfrau aus.

Nicht weniger als 34 Zeugen wurden im Jahre 1456 – ein Vierteljahrhundert nach den Ereignissen – in Domrémy und Umgebung über die *fama* und das Leben der Jungfrau befragt. Georges Duby hat diese Erinnerungen als «fadaises», als ödes Geschwätz, bezeichnet, und es besteht sicherlich kein Grund, sie allzu wörtlich zu nehmen. Aber selbst wenn man in Rechnung stellt, dass die Erinnerung an die inzwischen so kontroverse Person teilweise nicht «absichtslos» war, so sind sich diejenigen, die sie als Kind und Jugendliche gekannt hatten, doch in vielem überzeugend einig. Wichtig ist vor allem die Tatsache, dass «Jeannette» von den Dorfbewohnern, den Freunden, Nachbarn und ihren vielen «Paten» als durchaus normal, in religiöser Hinsicht allerdings als etwas exaltiert, erinnert wurde. Für Jean Moreau, einen ihrer Paten, waren ihre Eltern «ehrbare, gut beleumdete Bauern, die in guten Umständen lebten, aber nicht sehr reich waren; sie [Jeanne] ging hinter dem Pflug und hütete manchmal das Vieh; er sagte bei seinem Eid, dass Jeannette, wie er sah, häufig und aus freien Stücken in die Kirche ging oder in die Kapelle der himmlischen Maria von Bermont, nahe bei Domrémy, während ihre Eltern sie auf dem Feld beim Pflügen oder anderswo wähnten. Er sagt auch, dass sie, wenn sie zur Messe läuten hörte und auf dem Feld war, ins Dorf, in die Kirche kam, um die Messe zu hören. Sie konnte das Credo, das Vaterunser und das Ave Maria, wie andere Kinder auch» (Duby S. 152). Ungewöhnlich häufig beichtete sie und ging zur Kommunion. Und als die Kirche von Domrémy nach einem Bandenüberfall ausbrannte, ging sie zum Beten in die Kirche des Nachbardorfes Greux.

Ganz offensichtlich wurde ihr Leben seit ihrem 14. Lebensjahr tatsächlich von ihren Visionen bestimmt. Ihre Spielkameraden lachten darüber, dass sie keinen Gottesdienst ausließ und warfen ihr sogar übertriebene Frömmigkeit vor, obwohl Jeanne keine besondere Ekstase an den Tag legte. Wäre es anders gewesen, hätten die Dorfbewohner keinen Grund gehabt, dies bei ihrer späteren Befragung nicht zu erwähnen. Bis zu dem Tag, an dem sie – im Mai 1428 – plötzlich nach Vaucouleurs aufbrach, um den drängenden Aufforderungen ihrer Stimmen nachzukommen, ahnte niemand in ihrer Umgebung, was sie umtrieb. Oder vielleicht doch? Ihre Eltern scheint das Verhalten der Tochter beunruhigt zu haben. Wie Jeanne bei ihrer Vernehmung in Rouen einräumte, hatte ihre Mutter ihr ungefähr zwei Jahre, nachdem sie zum ersten Mal Stimmen gehört hatte, von einem Traum ihres Vaters erzählt: Jeanne werde bald mit Soldaten von Domrémy wegziehen. Und der Vater habe ihren Brüdern gesagt: «Wenn ich glauben müsste, dass das, was ich geträumt habe, geschieht, so wollte ich, dass ihr sie ertränktet, und wenn ihr es nicht tätet, so ertränkte ich sie selber» (Duby, S. 58).

Der Traum des Vaters war inzwischen auch als Gerücht kolportiert worden. Das zeigt Jeannes Vernehmung in Rouen, als die Richter sehr genau nachfragten, was es mit den Träumen des Vaters auf sich habe, von denen berichtet werde.

Wie Jeanne im Prozess in diesem Zusammenhang weiterhin erklärte, wurde sie von ihren Eltern wegen dieser Vorahnungen sehr streng gehalten, und sie gehorchte auch in allem, nur nicht im Wesentlichen. Als ihre Stimme ihr zum ersten Mal erschien und ihr befahl, sich «gut im Griff zu halten», entschloss sich Jeanne, Jungfrau zu bleiben «so lange es Gott gefallen möge» (T 2, S. 113).

Diese Entscheidung brachte sie sogar vor Gericht: Ein junger Mann, über den Näheres nicht bekannt ist, klagte vor dem Gericht der Stadt Toul ein vorgebliches Heiratsversprechen der Jungfrau ein. Aber Jeanne gewann diesen Prozess – über dessen Datum wir nichts Genaues wissen, der nach einer Notiz ihrer Ankläger im Verdammungsprozess von Rouen aber kurz vor ihrem Weggang aus Domrémy stattgefunden haben muss. Ihre

Stimmen, diesmal als die der Heiligen Katharina und der Heiligen Margret identifiziert, hatten es ihr so versprochen.

Jeanne d'Arc war bei aller Polarisierung auf ihre Stimmen nicht von ihnen dominiert oder gar gehetzt, wie es zu der immer wieder aufkommenden hysterica-Zuschreibung passen würde. Sie folgte ihren Stimmen in freier Selbstbestimmung, im Einklang ihres Ichs mit ihrem Auftrag. Auf die Frage ihrer Richter, ob die Stimmen ihr nicht befohlen hätten, Vater und Mutter über ihren bevorstehenden Weggang im Unklaren zu lassen (was nach zeitgenössischem Verständnis bewiesen hätte, dass die Stimmen vom Teufel kamen, da ja die Heiligen ihr unmöglich befohlen haben konnten, gegen das Vierte Gebot zu verstoßen), antwortete Jeanne mit einer klaren Bekundung der freien Entscheidung des Christen: Ihren Stimmen sei es recht gewesen, hätte sie Vater und Mutter vorab informiert. Aber angesichts der Gefahr, dass die Eltern ihren Weggang verhindern wollten, hätte sie es ihnen um keinen Preis gesagt: «Da Gott es befahl, musste ich es tun» (Duby, S. 57).

Dieses Beharren auf der freien Entscheidung ist durch die recht intensiven Kontakte Johannas mit herumziehenden Bettelmönchen – Franziskanern – gefördert worden. Diese sprachen von der Möglichkeit des Christen, in unmittelbaren Kontakt zu Gott zu treten. Der für Jeanne d'Arc so typische Wunsch nach häufiger Beichte – die Kirche wollte die Beichte der Laien auf die Zeit der großen Feste beschränken – war durch diese Reformbewegung ausgelöst worden. Und Bettelmönche machten zu jener Zeit gerade die drei Heiligen populär, in denen Jeanne ihre Stimmen verkörpert sah: den Heiligen Michael, die Heilige Katharina von Alexandria und die Heilige Margret, die in Männerkleidern und mit rundgeschnittenem Haar das Haus ihres Ehemanns verlassen hatte. Eine Statue dieser Heiligen stand auch in der Kirche von Domrémy.

Sowohl im Verdammungs- als auch im Revisionsprozess spielte die Frage nach anderen möglichen Wurzeln der «Sendung» der Jungfrau eine riesige Rolle, eine Frage, die auch in der Historiographie immer wieder aufgegriffen worden ist: War Jeanne d'Arc in magischen Praktiken befangen? Beruhte der

Glaube an ihren göttlichen Auftrag auf heidnischen Überzeugungen? War sie nicht doch verhext? Auslöser für diese Fragen waren zwei grundsätzlich verschiedene, aber konkret sich überlappende Phänomene: zum einen die damals umlaufenden «Prophezeiungen», eine Jungfrau werde zur Rettung Frankreichs erscheinen, zum anderen die Existenz des «Feenbaums». Hierbei handelte es sich um eine mächtige Buche am Ortsrand von Domrémy, die noch im 17. Jahrhundert dort stand und beschrieben worden ist. An dieser Buche verabredeten sich die jungen Leute, hier tanzten sie und amüsierten sich. Sie flochten Kränze aus den Zweigen. An gewissen Feiertagen tranken Alte und Kranke aus einer dort befindlichen Quelle, der Heilkräfte zugesprochen wurden, was natürlich ohne weiteres magische Konnotationen haben konnte. Die örtlichen Priester rügten diese Bräuche und kamen wohl auch mit dem geweihten Prozessionskreuz zur Quelle, um die Dämonen zu vertreiben. Für Jeannette, die in ihrer Kindheit bei den Tänzen, Gesängen und Spielen mitmachte, hatte das alles nichts Mysteriöses an sich. Im Protokoll des Verdammungsprozesses heißt es:

«Ferner sagt sie, dass sie die Feen nie gesehen hat, soviel sie weiß, weder bei dem Baum noch anderswo. Ferner, dass sie die Mädchen Kränze an besagten Baum hat hängen sehen; sie selber hat es mit ihnen getan (...) aber seit sie wusste, dass sie nach Frankreich gehen musste, ist sie weniger herumgesprungen, so wenig wie möglich» (Duby, S. 23).

Ihre Richter gaben sich jedoch mit solch einfachen und klaren Antworten nicht zufrieden. Der Ankläger Estivet fälschte den sich auf die magischen Praktiken beziehenden Anklageartikel dahingehend, dass Jeanne selber zugegeben habe, aus magischen Motiven aus der Quelle getrunken zu haben – im Vernehmungsprotokoll ist hiervon aber keine Rede.

In demselben Verhör vom 24. Februar 1431 nahm Jeanne auch Stellung zu verschiedenen offensichtlich umlaufenden Gerüchten über die magischen Wurzeln ihrer Stimmen und Aufträge. Zunächst wies sie die Vermutung zurück, dass sie ihren Auftrag am Feenbaum von Domrémy von Feen, also nicht von Gott, erhalten habe. Ihr Argument war auch für ihre Ankläger – theologische Fachleute – beachtlich: Ihre Stimmen seien eben nicht aus der Richtung des Feenbaumes gekommen, sondern, begleitet von großer Helligkeit, aus Richtung der Kirche.

Ein anderes Gerücht, welches ihre Zeitgenossen, ihre Freunde wie ihre Feinde – und späterhin natürlich auch ihre Richter – sehr interessierte, war die sogenannte Merlin-Prophezeiung, dass eine «Jungfrau aus dem Eichenwald» zur Rettung Frankreichs erscheinen werde. Noch in der so mythomanischen Jeanne d'Arc-Historiographie des 19. Jahrhunderts hat diese Merlin-Sage eine große Rolle gespielt. War Jeannette vielleicht die sagenhaft herbeigeschworene «Jungfrau aus dem Eichenwald»? Tatsächlich war die Merlin-Sage damals überaus geläufig und trug zur Glaubwürdigkeit der Jungfrau bei. Noch Christine de Pizan hat Jeannes Erscheinung und Taten aus der Merlin-Tradition abgeleitet: Sie sei die seit 500 Jahren erwähnte Jungfrau aus dem Eichenwald. Offensichtlich hatte Jeanne diese Geschichte zumindest in rudimentärer Form gehört und eindeutig auf sich selber bezogen. Ihr Onkel Durand Laxart, der sie schließlich auf ihr Flehen hin im Mai 1428 zu Hause abgeholt und ohne Wissen ihrer Eltern nach Vaucouleurs zum Hauptmann Baudricourt gebracht hatte, erinnerte sich noch Jahrzehnte später: Jeanne habe ihn an die alte Prophezeiung erinnert, dass Frankreich von einer Jungfrau gerettet werde.

Von Vaucouleurs nach Chinon und Poitiers

Vaucouleurs an der Maas im Bezirk Commercy war der Hauptort einer königlichen Burggrafschaft (*châtellerie*) in der Champagne, der seit 1365 zum Krongut gehörte. Der Hauptmann dieser Königsburg der Valois-Dynastie war seit 1420 Robert de Baudricourt, ein getreuer Gefolgsmann des Hauses Orleans, mit besten Beziehungen zu den lothringischen Fürsten, insbesondere zu René d'Anjou, einem Schwager von Charles VII. Er starb 1454. Im Revisionsprozess, der in den Jahren 1450–1456 stattfand, hat er nicht mehr ausgesagt.

Im Laufe des Jahres 1428 wurden Jeannes Stimmen immer drängender, was wohl auch damit zusammenhing, dass der Krieg immer mehr zur Bedrohung für die zur königlichen Domäne gehörenden befestigten Orte wurde. Nachdem bereits mehrere in burgundisch-englische Hand gefallen waren, kam es schließlich zu einer regelrechten Belagerung von Vaucouleurs: Ende Juli 1428 bedrohte Antoine de Fleury, «Marschall von Frankreich» des englischen Königs Henry VI, die Festung. Im September sah sich Hauptmann Baudricourt sogar gezwungen, einen Vertrag zu unterzeichnen, in dem – wie damals durchaus üblich – die Stadt quasi «vorsorglich» übergeben wurde. Zur tatsächlichen Übergabe kam es dann aber doch nicht.

Jeanne selber hat im Verhör vom 22. Februar 1431 plastisch geschildert, wie ihre Stimmen in dieser gespannten Atmosphäre immer stärker in sie drangen, bis sie sich schließlich nach Vaucouleurs aufmachte, um Baudricourt davon zu überzeugen, dass es gottgefällig und politisch angebracht sei, der Jungfrau aus Lothringen den Weg zum Dauphin nach Chinon zu ebnen. Wann aber kam Jeanne tatsächlich nach Vaucouleurs? Darüber streiten die Forscher noch heute und eine Lösung der Frage ist nicht in Sicht; ich gebe hier beide Versionen wieder: Nach Aussage von Baudricourts Schildknappen Bertrand de Poulengy, der Jeanne in Vaucouleurs kennengelernt und sie später nach Chinon begleitet hatte, war sie zum ersten Mal Pfingsten 1428, um den 13. Mai, nach Vaucouleurs gekommen, also zwei Monate bevor die Bedrohung durch die Burgunder so stark wurde, dass die Einwohner von Domrémy nach Neufchâteau flüchteten. Ist es glaubhaft, dass Jeanne *vor* diesem einschneidenden Ereignis, der Flucht ihres gesamten Dorfes, und auch vor der erwähnten akuten Bedrohung von Vaucouleurs Ende Juli 1428 bereits einmal dort vorstellig geworden war? Forscher wie Tisset und Cordier (zuletzt noch Thomas) haben das abgestritten und dafür plädiert, einen Diktats- oder Erinnerungsfehler in der Aussage von Poulengy anzunehmen. Ihnen zufolge ist Jeanne erst *nach* all diesen Bedrohungen nach Vaucouleurs aufgebrochen, etwa zur Adventszeit. Gestützt wird diese Vermutung zweifellos durch die Tatsache, dass Jeanne selber im Prozess nicht von einer zwischenzeitlichen Rückkehr nach Domrémy spricht. Auch ihr Onkel Durand Laxart, der sie schließlich von Domrémy abholte und nach Vaucouleurs begleitete, erwähnt keine zweite Reise.

Andererseits berichtet derselbe Laxart, dass man mehrfach bei Baudricourt vorgesprochen habe. Und die Aussage von Poulengy ist eindeutig: Pfingsten 1428 war Jeanne in Vaucouleurs. Auch kann ja die Möglichkeit nicht bestritten werden, dass Baudricourt zu Pfingsten 1428 die Lage noch nicht so kritisch beurteilte, weshalb er damals Jeanne mit dem Rat an ihren Onkel zurückschickte, ihr Vater möge ihr einige kräftige Ohrfeigen verpassen .... Wurde Baudricourt vielleicht erst hellhöriger und aktionsbereit, als Jeanne dann Anfang Dezember 1428 wieder nach Vaucouleurs kam? Denn inzwischen hatten sich die kriegerischen Ereignisse zugespitzt. Im Juni belagerten burgundische Truppen das wenige Kilometer nördlich von Vaucouleurs gelegene Ugny, die Bewohner von Domrémy flüchteten im Juli nach Neufchâteau, im Juli kam es dann auch – wie erwähnt – zur «vorsorglichen» Übergabe von Vaucouleurs, und schließlich begannen die Engländer ab Oktober mit der Belagerung von Orleans. Aus diesem Grunde halten Duparc, Beaune u. a. – wie ich schließlich auch – an der Version fest, dass Jeanne mehrfach nach Vaucouleurs gegangen ist.

Aber auch nach Jeannes erneuter Vorsprache blieb Baudricourt skeptisch und weigerte sich zunächst, sie zu empfangen. Jeanne hat später im Prozess ausgesagt, er habe sie zweimal abgewiesen, was auch von Laxarts Aussage im Revisionsprozess von 1456 bestätigt wird. Inzwischen hatte das merkwürdige Dorfmädchen, das in recht ärmlichem roten Gewand in Vaucouleurs auf den Stadtkommandanten wartete, längst die Aufmerksamkeit der Öffentlichkeit auf sich gezogen. Wer wollte noch ausschließen, dass sie die von Merlin u. a. angekündigte lothringische Jungfrau war, die zur Rettung des Königreichs kommen sollte? Wie gesagt, mit den Angriffen auf Vaucouleurs und Umgebung im Juli 1428 sowie der Belagerung von Orleans ab Oktober war die Gefahr drängend geworden, und immer mehr Menschen – große Herren wie kleine Leute – begannen, eine wundersame Rettung durch die inspirierte Jungfrau als ernsthafte Option in Erwägung zu ziehen. Aber bis Baudricourt Jeanne schließlich um den 13. Februar nach Chinon sandte (dies ist die wahrscheinlichste Datierung), hatte sie nicht weniger als neun Wochen auf ein persönliches Treffen mit dem Stadthauptmann gewartet. Zunächst lebte sie ca. sechs Wochen bei Durand Laxart im wenige Kilometer entfernten Burey, dann drei Wochen im Haus der Eheleute Henri und Catherine Le Royer in Vaucouleurs. Auch aus deren Aussagen im Revisionsprozess geht hervor – selbst wenn man die Möglichkeit späterer Idealisierung in Rechnung stellt –, als wie einschneidend und zwingend die «Mission» der Jungfrau inzwischen bei den Menschen von Vaucouleurs und Umgebung empfunden wurde:

«Und als Jeanne sah, dass Robert sie nicht [nach Chinon] bringen lassen wollte, sagte sie – wie ich selber gehört habe – dass sie unbedingt zum Dauphin ziehen müsse. (...) Jeanne wünschte das mit aller Kraft und die Zeit wurde ihr lang wie einer hochschwangeren Frau. Und seitdem habe ich ihrem Reden Glauben geschenkt und mit mir viele andere auch» (D 3, S. 285).

In die gleiche Richtung weist die Aussage des Jean de Nouillonpont – auch Jean de Metz genannt – der Jeanne dann nach Chinon begleitete. Im Revisionsprozess erklärte er Folgendes: «Als Jeanne, die Pucelle, in Vaucouleurs ankam, sah der Zeuge sie in einem ärmlichen roten Kleid; sie wohnte im Haus von Henri Leroyer aus Vaucouleurs, er sagte zu ihr ‹Liebe Freundin [besser: Liebchen (ma mie)], was macht Ihr hier? Soll der König aus seinem Reich vertrieben werden und sollen wir Engländer sein?› Worauf die Jungfrau antwortete: ‹Ich bin in diese königliche Stadt gekommen, um Robert de Baudricourt zu sprechen, damit er mich zum König führe oder führen lasse; er aber kümmert sich weder um mich noch um meine Worte; doch noch vor Mitfasten muss ich beim König sein, und müsste ich auf Knien hingehen›. (...) Als der Zeuge sie fragte, wer ihr Herr sei, sagte jene Jungfrau: ‹Gott›. Und da hat Jean, der Zeuge, ihr mit Handschlag versprochen, dass er sie mit Gottes Hilfe zum König führen würde. Er fragte sie, ob sie die Reise in ihren Kleidern antreten wolle; sie antwortete, dass sie gern Männerkleider tragen würde. Und da gab ihr der Zeuge Kleider seines Dieners. Danach ließen die Einwohner von Vaucouleurs Männerkleider anfertigen und alles, was sie brauchte» (Duby, S. 154 f.). Letzteres ist insofern bemerkenswert, als wenig später, im Verdammungsprozess von 1431, Jeannes geistliche Richter das «unziemliche» Tragen von Männerkleidung zu einem Hauptanklagepunkt erhoben.

Besonders erwähnenswert ist in diesem Zusammenhang, dass die Jungfrau inzwischen auch Aufmerksamkeit und Interesse in den höchsten Kreisen der Region fand. Nouillonpont berichtet im Anschluss an die zitierte Aussage, dass Jeanne während dieser Zeit des Wartens auf Gehör vom lothringischen Fürsten Charles nach Toul – 55 km von Vaucouleurs entfernt – bestellt worden sei und dass er sie sogar mit einem Schutzbrief ausgestattet habe. Ihr Onkel Durand Laxart und Nouillonpont begleiteten die inzwischen mit Pferd und Männerkleidung ausgestattete Jeanne dorthin. Der alternde Landesherr von Lothringen erhoffte sich von der sagenumwobenen Jungfrau Heilung von seinen Krankheiten, aber erfolglos. Das Protokoll des Verdammungsprozesses von 1431 hält ihre lakonische Antwort fest: «Aber sie sagte ihm, davon verstünde sie nichts». Im Gegenzug bat sie den Fürsten, ihr seinen Sohn und Leute auf ihren Weg «nach Frankreich» mitzugeben, dann werde sie auch Gott um seine Gesundung bitten. Das aber tat er nicht, sondern gab ihr 4 Francs, die sie Durand Laxart zeigte, als dieser sie von Toul nach Vaucouleurs zurückbegleitete.

Nun war die Zeit reif, Jeanne war immer stärker im Gespräch, wurde immer glaubhafter. Auch Baudricourt war bei aller verbliebenen Skepsis nunmehr bereit, Jeanne Gehör zu schenken: Allerdings ließ er sie nicht in die Burg ein, sondern begab sich in Begleitung eines Priesters im Ornat zu Jeanne in die Wohnung der Le Royers. Als dieser Jeanne sah, rief er ihr zu, sie möge weichen, wenn sie von bösen Geistern besessen sei. Jeanne kniete nieder und wies den Priester zurecht: Wie könne er so etwas vermuten, wo er ihr doch selber die Beichte abgenommen habe. Catherine Le Royer hat diese Szene glaubhaft berichtet, in der – wie auch in Jeannes Verhör in Rouen – eine für sie so charakteristische Mischung aus Humor und einfacher, selbstsicherer Gläubigkeit aufblitzte.

Baudricourt war vermutlich immer noch nicht ganz überzeugt, aber immerhin war er nunmehr bereit, der Jungfrau nachzugeben. Er gab ihr ein Schwert und sechs Mann zur Begleitung auf den Weg zum Dauphin nach Chinon mit, einen Ritter, einen Schildknappen und vier Diener. Die Verabschiedung hat Jeanne selber später – in berühmt gewordenen – Worten wiedergegeben:

«Sie sagte außerdem, dass besagter Robert de Baudricourt ihre Begleiter hat schwören lassen, sie wohl und sicher zu führen. Und als besagter Baudricourt von ihr Abschied nahm, sagte er zu ihr: Geh. Und es möge geschehen, was geschehen soll» (Duby, S. 25).

Um den 13. Februar 1429 brach die Gruppe von Vaucouleurs aus auf. Zwar ist auch dieses Datum angezweifelt worden, aber die Aussagen der direkt Beteiligten sind ziemlich eindeutig: «Zu Beginn der Fastenzeit» sagt Poulengy; «um den ersten Fastensonntag herum» erinnert sich Nouillonpont – und dieser fiel im Jahre 1429 auf den 13. Februar. Ungefähr elf Tage brauchte man zu Pferde von Vaucouleurs nach Chinon. In dieser Zeit habe man die Strecke von «150 Orten» – so Jeannes spätere Aussage – zurückgelegt. Die vermutliche Wegstrecke ist in der Jeanne-Forschung immer wieder neu berechnet worden. Wahrscheinlich waren es ca. 550 km Gesamtwegstrecke. Das entspricht ziemlich genau den «150 Orten», legt man für einen Weg «von Ort zu Ort» die üblichen drei bis vier Kilometer zugrunde.

Der Weg von Vaucouleurs zum Dauphin nach Chinon war nicht ungefährlich, führte er doch zum Teil durch englisch bzw. burgundisch kontrolliertes Gebiet. Aber er vollzog sich sicherlich nicht – wie oft ausgeschmückt – in Form einer verdeckten Patrouille oder eines Pfadfinderspiels, sondern war begleitet von der Aufmerksamkeit und Anteilnahme der Bevölkerung. Allein schon die Tatsache, dass zur Gruppe ein königlicher Herold, Colet de Vienne, gehörte, also ein ortskundiger und bekannter offizieller Bote, lässt auf Öffentlichkeit der Unternehmung schließen.

Die erste Etappe führte die Gruppe zur Benediktinerabtei von Saint-Urbain an der Marne, in der Diözese von Châlons. Anschließend ritt man nach Auxerre, wo Jeanne in der Kathedrale die Messe hörte. Weitere Stationen bis zur Loire-Überquerung bei Gien sind zwar behauptet worden, aber nicht nachgewiesen. Hier war man wohl des Nachts unterwegs, es ging durch englisch kontrolliertes Gebiet, danach befand man sich wiederum auf sicherem Terrain in königlichem Gebiet. Die Meldungen über das Herannahen der Jungfrau erreichten zu diesem Zeitpunkt auch das inzwischen seit einem Vierteljahr von den Engländern belagerte Orleans, dessen Bevölkerung soeben durch das Scheitern einer Entsetzung («Heringstag» vom 12. Februar 1429) in großer Angst lebte.

Die nächsten bekannten Stationen des Rittes der Jungfrau und ihrer Begleiter – war es inzwischen eine Art Prozession? – führte in den berühmten Pilgerort Sainte Catherine de Fierbois, einer wichtigen Etappe der europäischen Pilger auf dem Jakobsweg nach Santiago de Compostela. Hier, am Hauptverehrungsort «ihrer» Heiligen Katharina, 40 km vor Chinon, unterbrach Jeanne ihre Reise und hörte an einem Tag drei Messen. Mit Sicherheit sah sie dabei die Schwerter und Rüstungsteile, die Santiago-Pilger an diesem heiligen Ort traditionell zurückließen, womit sich die berühmte Geschichte des «Schwertes der Jungfrau» anbahnte: Als sie in Chinon war, erfuhr sie durch ihre Stimmen, dass sich am Altar der Kirche von Sainte Catherine de Fierbois ein besonders verziertes Schwert befinde. Ein Bote wurde hingesandt und fand es, leicht verrostet, wenig unter der Erde hinter dem Altar, und der Rost fiel sogleich ab. Kein anderes Wunder der Jungfrau und keine ihrer Visionen lässt sich so einfach naturalistisch entschlüsseln wie das Schwertwunder von Sainte Catherine de Fierbois. In demselben Wallfahrtsort diktierte Jeanne, die nie Lesen und Schreiben gelernt hatte und deren Unterschrift auf späteren Briefen von fremder Hand geführt wurde, den ersten ihrer berühmten Briefe bzw. Sendschreiben. Sie ließ dem Dauphin in Chinon die Nachricht zukommen, dass sie «150 Orte» zurückgelegt habe, um zu ihm zu gelangen. Sie habe ihm viel Wichtiges zu berichten, weshalb er sie empfangen möge. Auch entsann sich Jeanne später im Prozess, dass sie dem Dauphin bei dieser Gelegenheit angekündigt habe, sie werde ihn unter all seinen Gefolgsleuten erkennen. Zwischenzeitlich hatte man am Hof auch ein regelrechtes Empfehlungsschreiben von Baudricourt aus Vaucouleurs für die Jungfrau erhalten, weshalb sich der Dauphin Charles trotz Bedenken einiger seiner Berater entschloss, Jeanne zu empfangen.

Am 24. Februar 1429 kam Jeanne in Chinon an. Ihre erste Begegnung mit Charles gehört zu den klassischen und immer wieder neu ausgeschmückten Bildern der Historiographie seit dem Revisionsprozess von 1450–1456. Nach dem bereits erwähnten Bericht von Simon Charles hatte sich der Dauphin zunächst zwischen seinen Höflingen verborgen, aber Jeanne hatte ihn gleichwohl sofort erkannt. Die offizielle Hofhistoriographie, beginnend mit Jean Chartier, hat späterhin zudem vermutet, dass Jeanne dem seiner Legitimät selber unsicheren Dauphin als Zeichen ihrer wirklichen Sendung von Gott ein «Königsgeheimnis» anvertraut habe: Sie habe von seinen Selbstzweifeln gewusst und ihm versichert, dass er vor Gott der legitime König Frankreichs sei. Jean d'Aulon, vom König später zum Begleiter der Jungfrau ernannt und mit ihr zusammen in Compiègne gefangen gesetzt, war bei diesem Gespräch zugegen und hat 28 Jahre später die folgende einfache und präzise Schilderung gegeben: «Er sagt, dass jene Pucelle im geheimen mit dem König sprach und ihm bestimmte geheime Dinge sagte: Welche, weiß er nicht; nur dass wenig später der König nach einigen Leuten seines Rats schickte, zu denen auch der Sprechende gehörte. Der König sagte zu ihm, dass jene Pucelle ihm gesagt habe, sie sei von Gott zu ihm geschickt, um ihm zu helfen, sein Reich wiederzuerlangen, das damals zu großen Teilen von den Engländern, seinen alten Feinden, besetzt war» (Duby, S. 156).

Sicher ist, dass der Dauphin von Jeannes Auftritt vor Hof so beeindruckt war, dass er ihr eine Wohnung in einem Schlossturm sowie einen Pagen, Louis de Coutes, zuwies. Dieser hat Jeanne dann auf ihrem Zug nach Orleans, Reims und Paris begleitet und als Zeuge im Revisonsprozess ausführlich über den Aufenthalt in Chinon berichtet. Mehrere Tage lang wurde Jeanne von hohen Kirchenmännern über ihre Sendung und Stimmen befragt. Hinzu kam eine doppelte Überprüfung ihrer Jungfräulichkeit durch weibliche Angehörige der königlichen Familie. Sie wurde als *virgo intacta* befunden.

Diese Jungfräulichkeitsuntersuchung war von größter Wichtigkeit und wurde nicht von ungefähr auch im Verdammungsprozess noch einmal vorgenommen. Denn eine *virgo intacta* konnte nach theologischer Auffassung nicht mit dem Teufel im Bunde stehen, weshalb ja auch in der späteren Zeit der Hexenbesessenheit einzig Jungfräulichkeit vor dem Verdacht der Hexerei schützen konnte.

Nachdem der König und seine Berater in Chinon die Jungfrau also als mögliche von Gott inspirierte Retterin anerkannt hatten, wurde Jeanne noch einmal genauestens geprüft. Zu diesem Zweck versammelten sich in Poitiers die wichtigsten Kirchenmänner der Orleans-Obedienz. Poitiers war ja seit der Besetzung von Paris durch Burgund eine Art juristische Zentrale der Monarchie geworden, hierhin hatten sich auch einige bedeutende Theologen der Pariser Universität zurückgezogen. Über drei Wochen hinweg erstreckten sich diese Prüfungen. Leider wissen wir hierüber konkret sehr wenig, weil die Akten, auf die Jeanne im Verdammungsprozess noch mehrfach verwies, später verloren gegangen sind. Übrig geblieben sind nur die «Schlussfolgerungen» sowie knappe Berichte von Beteiligten. Hervorstechend ist der Bericht von Seguin, Dekan der theologischen Fakultät der Universität Poitiers, der selber an den Untersuchungen teilgenommen hatte. Dieser Bericht ist ein Kernstück aller Jeanne d'Arc-Historiographie geblieben, weil hier in «klassischer» Form die besondere Spontaneität der Jungfrau, gepaart mit fröhlicher Selbstsicherheit und Schlagfertigkeit, zum Vorschein kommt:

«(...) Magister Guillaume Aymeri fragte sie: ‹Du hast gesagt, die Stimme habe dir gesagt, dass Gott das französische Volk aus seiner Not befreien will. Wenn er es retten will, bedarf es doch keiner Soldaten.› Da antwortete Jeanne: ‹Im Namen Gottes, die

Soldaten werden kämpfen, und Gott wird den Sieg verleihen.› Mit dieser Antwort war Magister Guillaume zufrieden. Der Zeuge [Seguin] fragte sie, in welcher Sprache die Stimme zu ihr spreche. Sie antwortete: ‹In einer besseren als der des Zeugen, der den Dialekt des Limousin sprach.› Ein anderes Mal fragte er sie, ob sie an Gott glaube: Sie antwortete: ‹Ja, mehr als er selber.› Da sagte er zu Jeanne, Gott wolle nicht, dass man ihr glaube, wenn nicht etwas erschiene, das anzeige, dass man ihr glauben dürfe; sie könnten dem König nicht raten, ihr bloß auf ihre Versicherung hin Soldaten zu geben und diese in Gefahr zu bringen, es sei denn, sie weise anderes vor. Sie antwortete: ‹Im Namen Gottes, ich bin nicht nach Poitiers gekommen, um Zeichen zu tun; aber führt mich nach Orleans; ich werde Euch Zeichen geben, dass ich geschickt bin›, man möge ihr Leute geben, soviel sie für gut fänden, und sie würde nach Orleans gehen. Dann sagte sie zu dem Zeugen und den anderen Anwesenden vier Dinge, die kommen würden und die dann auch eingetroffen sind. Zuerst würden die Engländer geschlagen, die Belagerung von Orleans aufgehoben und die Stadt von jenen Engländern befreit; zuvor werde sie selbst sie dazu auffordern. Zweitens sagte sie, dass der König in Reims gesalbt werde. Drittens, die Stadt Paris werde an den König zurückfallen und der [seit Jahren gefangene] Herzog von Orleans aus England zurückkehren. Alle diese Dinge hat der Sprechende eintreffen sehen» (Duby S. 176).

Seguin fügte noch hinzu, dass man von Poitiers aus auch Nachforschungen über Jeannes Leben und Sittenhaftigkeit angestellt habe, die zu keiner Beanstandung Anlass gegeben hätten. Und beinahe resigniert schlussfolgerte er: «Der Zeuge glaubt, dass Jeanne von Gott gesandt war, wenn man bedenkt, dass der König und seine Untergebenen keine Hoffnung mehr hatten ...» (ebd.).

Die Schlussfolgerungen der Untersuchungen von Poitiers wurden öffentlich verkündet: «Der König darf in Anbetracht seiner und seines Reiches Notlage und mit Rücksicht auf die andauernden Gebete seines armen Volkes und aller, die Frieden und Recht lieben, die Jungfrau, die sagt, dass sie von Gott gesandt sei, um ihm Hilfe zu bringen, nicht zurückweisen und nicht verwerfen, auch wenn es möglich ist, dass diese Versprechen nur menschliche Erfindung sind». Es folgen dann längere Ausführungen über die von den Kirchenvätern vorgeschriebenen Überprüfungen, denen Jeanne unterzogen worden sei. Die Kommission habe schließlich befunden, dass der König «sie nicht daran hindern [darf], mit ihren Kriegsleuten nach Orleans zu ziehen, sondern er soll ihr im Gegenteil ein ehrenvolles Geleit geben und auf Gott vertrauen. Denn an ihr zu zweifeln oder sie ohne den Anschein von etwas Bösem zu verwerfen hieße, sich dem Heiligen Geist zu widersetzen und der Hilfe Gottes unwürdig zu werden» (Q 3, S. 391).

Noch in Poitiers diktierte Jeanne ihr heute noch berühmtestes Schriftstück, nämlich den «Brief an die Engländer.» Dieses Sendschreiben, ein wirkliches Fanal, war schon unter den Zeitgenossen berühmt-berüchtigt. So berühmt, dass sogar die Kanzlei Kaiser Sigismunds ihn notierte, weshalb er auch in mittelhochdeutscher Fassung (in der Chronik Eberhard von Windeckes) überliefert ist. Im Verdammungsprozess spielte dieser Brief eine große Rolle, weil sich nach Auffassung der Richter hier in aller Deutlichkeit der Hochmut und die Anmaßung der Jungfrau zeige, die sich selber als von Gott gesandt und als Kriegsherrin deklariert habe. Jeanne hat auf Befragen den Brief als authentisch bezeichnet, allerdings bestritten, die Worte «Gebt der Jungfrau» und «lasse ich sie alle töten» gesagt zu haben, was genau den Anklagepunkten der Anmaßung und der Grausamkeit entsprochen hätte. Allerdings sind in allen zeitgenössischen Abschriften diese Formulierungen enthalten, weshalb Jeanne hier vermutlich zu ihrer Verteidigung die Unwahrheit gesagt hat. Oder hat die Kanzlei des Königs diese «starken» Ausdrücke aus propagandistischen Motiven eingefügt, und Jeanne davon nichts wissen lassen?

Der Brief hatte die Überschrift «Jhesus Maria» und folgenden Wortlaut:

«König von England und Ihr, Herzog von Bedford, der Ihr Euch als Regent des Königreichs Frankreich bezeichnet, Ihr William Pole, Graf von Suffolk, John Talbot und Ihr, Thomas

Lord von Scales, die Ihr Euch Feldherren des besagten Herzogs von Bedford nennt, gebt dem König des Himmels sein Recht; übergebt der Jungfrau, die von Gott, dem König des Himmels hierher gesandt wurde, die Schlüssel aller guten Städte, die Ihr in Frankreich eingenommen und geschändet habt. Sie ist durch Gott hierher gekommen, um dem königlichen Blut zu seinem Recht zu verhelfen. Sie ist gern bereit, Frieden zu schließen, wenn Ihr ihrer Forderung nachkommt und Frankreich verlasst und das, was Ihr Euch angeeignet habt, zurückgebt. Und Ihr, Bogenschützen, Kriegsleute, Hofleute und andere, die Ihr vor der Stadt Orleans liegt, geht im Namen Gottes in Euer Land zurück; und wenn Ihr das nicht tut, wartet auf Nachrichten von der Jungfrau, die Euch in Kürze zu Eurem großen Schaden heimsuchen wird. König von England, wenn Ihr das nicht tut, so wisset, ich bin Kriegsherr und wo immer ich Eure Leute in Frankreich finde, werde ich sie verjagen, ob sie wollen oder nicht, und wenn sie sich widersetzen, lasse ich sie alle töten. Ich bin von Gott, dem König des Himmels, hierher gesandt, um Euch, Mann für Mann, aus Frankreich hinauszuschlagen. Und wenn sie gehorchen wollen, werde ich Gnade walten lassen. Ihr solltet darüber nicht anders denken, denn nicht Ihr habt das Königreich Frankreich von Gott, dem König des Himmels erhalten, sondern König Karl, der wahre Erbe, wird es erhalten; denn so will es Gott, der König des Himmels, und es wurde ihm [dem König] durch die Jungfrau offenbart, und er wird im Triumph in Paris einziehen. Wenn Ihr die Verkündigung Gottes durch die Jungfrau nicht glauben wollt, so werden wir Euch schlagen, wo immer wir Euch finden, und wenn Ihr nicht willig seid, werden wir ein so großes Kriegsgeschrei erheben, wie man es in Frankreich seit tausend Jahren nicht mehr gehört hat; und Ihr könnt gewiss glauben, dass der König des Himmels der Jungfrau und ihren treuen Waffengefährten mehr Macht verleihen wird, als Ihr mit all Euren Angriffen abwehren könnt; und dann wird man sehen, wem der Gott des Himmels recht gibt. Euch, Herzog von Bedford, ermahnt und bittet die Jungfrau, Euch nicht selbst zu vernichten. Wenn Ihr Euch fügt, so dürft Ihr sie dorthin begleiten, wo die Franzosen die schönste Tat vollbringen werden, die je für die Christenheit geschah. Und gebt Antwort, ob Ihr in der Stadt Orleans Frieden schließen wollt, und wenn Ihr das nicht tut, werdet Ihr das bald zu Eurem großen Schaden bereuen. Geschrieben am Dienstag der Heiligen Woche» (leicht verändert zit. nach Cordier, S. 114 f.).

Die Befreiung von Orleans

Über keine andere Episode der Geschichte Jeanne d'Arcs haben wir so viele präzise, sich ergänzende aber auch widersprüchliche Quellen wie über die Befreiung der Stadt Orleans. «Orleans» ist heute noch fast synonym mit «Jeanne d'Arc» und die Befreiung der Stadt durch die Jungfrau wird nach wie vor an jedem 8. Mai als echtes Volksfest gefeiert. Die nahezu 600 Jahre alte Tradition des Festes beruht auf einem wichtigen Grundkonsens: Die Entsetzung von Orleans war weniger dem militärischen Eingreifen der Truppen des Königs und der Großen Herren zu verdanken als dem Charisma der Jungfrau. Die Bevölkerung fasste durch Jeannes Vorbild neuen Mut, griff selber zu den Waffen und erstürmte unter ihrer Führung die englischen Belagerungsforts im Umkreis der Stadt. Jeanne d'Arc als Heldin, die das Volk zu den Waffen ruft, wurde zu einem wichtigen Topos ihrer Geschichte.

Was ist Legende, was lässt sich quellenmäßig belegen? Die reichste Quelle sind zweifellos die ausführlichen Berichte von unmittelbar Beteiligten, die im Revisionsprozess unter Eid auch hierüber aussagten, insbesondere Dunois, der «Bastard» von Orleans und Stadtkommandant, der Beichtvater Pasquerel und ihr «schöner Fürst», Jean d'Alençon. Jeannes treue Begleiter, Louis de Coutes und Jean d'Aulon, haben ebenfalls ihre Erinnerungen an die Ereignisse zu Protokoll gegeben. Hinzu kommt in diesem Fall noch das zumeist erstklassig informierte anonyme «Tagebuch der Belagerung von Orleans», eine zeitgenössische Chronik, in der die Ereignisse tatsächlich «von Tag zu Tag» berichtet wurden. Diese Quelle wurde in den folgenden Jahrzehnten vielfach von sekundären Autoren benutzt; sie findet sich wieder in dem ebenfalls anonymen epischen Gedicht «Histoire du Siège» sowie der offiziellen Chronik von Jean Chartier. Obwohl die Quellen viele Informationen liefern, bieten sie manchmal aber auch stark von einander abweichende Interpretationen.

In Orleans, dessen Situation durch die Belagerung englischer und burgundischer Truppen seit dem «Heringstag» des 12. Februar 1429 immer bedrückender wurde, verfolgte man mit großer Aufmerksamkeit die umlaufenden Gerüchte und Berichte von einer möglichen Rettung durch die Jungfrau aus Lothringen. Ein Stadtbürger namens Lullier hat im Revisionsprozess von 1456 berichtet, man sei äußerst bedrückt gewesen und habe nur noch auf Gottes Hilfe gehofft. Deshalb sei Jeanne von allen Bewohnern «beiderlei Geschlechts, Armen wie Reichen» mit größter Freude empfangen worden, «wie wenn sie ein Engel Gottes gewesen sei». Der Stadtkommandant Dunois ließ sogar Botschafter nach Chinon ausschicken, um Näheres zu erfahren. Angekündigt war die Jungfrau natürlich auch durch das Fanal ihres bereits kolportierten «Briefes an die Engländer» sowie durch die Tatsache, dass für sie in Tours bzw. in Blois Rüstung und Fahne angefertigt worden waren.

Die englische Besatzung auf den verschiedenen *bastilles* um Orleans herum war insgesamt etwa 4000 Mann stark. Sie war allerdings dadurch geschwächt worden, dass kurz zuvor die burgundischen Alliierten mit 1500 Mann im Streit abgezogen waren. Die Stadt an der Loire hatte für England eine äußerst wichtige Schlüsselstellung für den geplanten weiteren Vorstoß in das mittel- und südfranzösische Valois-Territorium. Als Ersatz für die burgundischen Truppen waren inzwischen andere englische Garnisonen entblößt und neue Mannschaften nach Orleans in Bewegung gesetzt worden.

Die Expedition der Jungfrau zog von Blois aus nach Orleans, wo ihre baldige Ankunft bereits am 29. April angekündigt wurde, weshalb die Orleaneser Stadtmiliz begann, sich für den Kampf zu rüsten. Aber das Unternehmen Orleans begann mit einer charakteristischen Panne, nicht die letzte, wie sich in den folgenden

Tagen herausstellen sollte: Jeanne verfolgte eine andere (und bessere?) Strategie als die kampferfahrenen und ortskundigen Ritter. Sie wollte unmittelbar und direkt auf die Engländer losstürmen, während die Militärs es vorzogen, zunächst abzuwarten und sich mit taktischen Finten zu begnügen. Die ganze Woche der Entsetzung von Orleans blieb von diesem Dissens geprägt. Jeanne war eine Draufgängerin, eine Kämpferin «im Namen Gottes», was viele mitriss. Aber die Hohen Herren und Ritter, ohnehin wenig bereit, sich der – wenn auch gottgesandten – Jungfrau in militärischen Sachfragen zu unterwerfen, blieben misstrauisch. Zu viel stand auf dem Spiel. Wie Jeannes Elan sie dann gleichwohl mitriss oder zum Nachgeben zwang, wie ihre Begeisterungsfähigkeit dem Volk und auch den Rittern Flügel verlieh, so dass die Engländer in kurzer Frist ihre strategisch so wichtige Position vor Orleans aufgeben mussten, ist der sicherlich dramatischste Abschnitt aus der Geschichte Jeanne d'Arcs.

Die folgende knappe Zusammenfassung übergeht einige Widersprüche in den Quellen, unterlässt aber auch weitergehende Spekulationen. Eine schwierige Frage sei direkt gestellt: Wie groß waren eigentlich die Heere, die sich vor Orleans gegenüber standen? Jeanne hat im Verdammungsprozess ein wenig nebenbei von 10 000 bis 12 000 Bewaffneten gesprochen, was ungefähr das Doppelte der sonst maximal angegebenen Größenordnung ist. Mutmaßlich hat die Masse der sich um sie drängenden Orleaneser Bevölkerung und der ungezählten kampfwilligen Bürger ihr diesen Eindruck vermittelt. Vermutlich waren an den Kämpfen höchstens jeweils 4000 Mann beteiligt, wobei die «Bewaffneten» bzw. die in Rüstung befindlichen Ritter und ihre Truppen in den einzelnen Kampfhandlungen kaum mehr als 500 Mann stark gewesen sein dürften. Die militärische Situation von Orleans stellte sich vor Beginn der Kämpfe folgendermaßen dar:

Die befestigte Stadt am Nordufer der Loire war seit Oktober 1428 von den Engländern belagert. Allerdings war es ihnen nicht gelungen, einen echten Ring von *bastilles* entlang der wichtigsten Zufahrtswege zu errichten. Im Nordwesten gab es eine Reihe von Befestigungen auf den Straßen von Paris oder

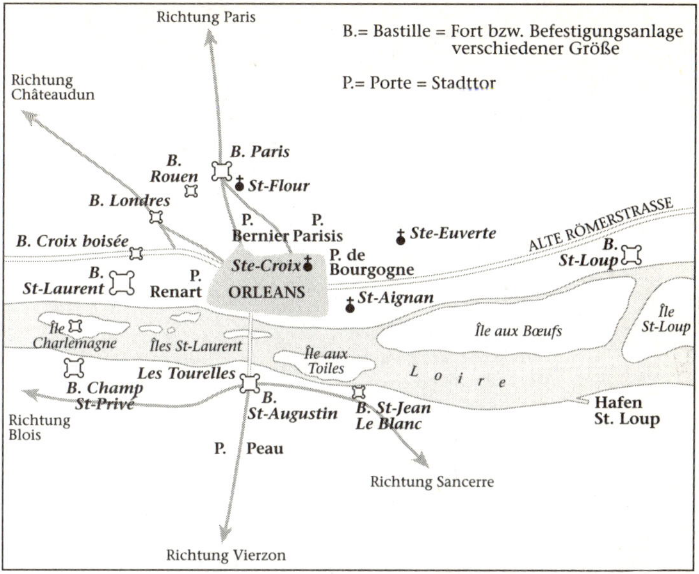

Abb. 3: Die Belagerung von Orleans

Châteaudun. Gegenüber der Stadt, auf dem Südufer der Loire, befand sich die stärkste Befestigungsanlage – Les Tourelles – mit vorgeschobener Bastille des Augustins, von wo aus der Zugang zur Stadt vom Süden her kontrolliert wurde. Umging man diese große Befestigungsanlage in östlicher Richtung, so war der Weg in die Stadt (noch) nahezu frei. Am Südufer galt es dann nur noch, den kleinen Stützpunkt Saint Jean le Blanc zu nehmen, bzw. auf dem Nordufer in östlicher Richtung ein wenig weiter außerhalb der Stadt die Bastille Saint Loup zu erobern.

Am 29. April gelangte Jeanne mit ihren Soldaten von Tours aus südlich vor die Stadt. Sie vermutete und hoffte, alsbald auf die Engländer zu stoßen. Ihr Trupp wurde aber von den Vorposten des Stadtkommandanten, des «Bastards» Dunois, nach Osten bis in die Nähe von Saint Jean le Blanc geleitet, was ein Ablenkungsmanöver war. Denn Dunois wollte den größten Teil des Konvois der Jungfrau via Blois aus dem Eingriffsfeld der eng-

Abb. 4: Scherrer «jeanne d'Arcs Einzug in Orleans» (1887)

lischen Belagerer herausführen und an entlegener Stelle die Loire überqueren lassen, von wo aus er dann auf die Stadt zurückkehren konnte. Jeanne war über diese Taktik erzürnt und wies Dunois gleich bei der Begrüßung zurecht: «Im Namen Gottes, der Rat meines Herrn ist sicherer und weiser als der Eure. Ihr habt geglaubt, mich täuschen zu können. Aber Ihr täuscht Euch selber, denn ich bringe bessere Hilfe als sie jemals Soldaten und Bürgern zuteil geworden ist, nämlich die Hilfe des himmlischen Königs» (D 1, S. 318). Dunois' Hinweis auf technische Schwierigkeiten eines Loire-Übergangs bei Gegenwind beantwortete Jeanne auf ihre ganz eigene Art: Der Wind drehte plötzlich und man konnte doch mit einem Teil des Konvois übersetzen. Und seitdem, so schließt Dunois diesen Teil seines Berichts (27 Jahre nach den Ereignissen), habe er «mehr gute Hoffnung in sie gesetzt als zuvor» und er habe sich bemüht, sie rasch in die Stadt zu bringen, «wo sie von allen so sehr erwartet wurde» (D 1, S. 319). Jeanne konnte nunmehr mit einem Teil ihres Konvois, mit 200 «Lanzen» (eine «Lanze» bestand damals aus einem Ritter, mehreren Bogenschützen, Knappen, insgesamt aus etwa 10 Mann) und Gefolge unter ihrem Jhesus/Marie-Banner in Orleans einziehen. Spätere Historiographie und Ikonographie haben diese Szene, die zu den Grundbildern der französischen Nationalerinnerung zählt, stets memoriert, nicht zuletzt vermittelt durch das abgebildete Riesengemälde von Scherrer, heute wieder renoviert und im Rathaus von Orleans ausgestellt.

Nachdem Jeanne feierlich in Orleans eingezogen und Quartier genommen hatte, geschah zunächst wiederum nichts. Ihr Page Louis de Coutes hat berichtet, wie zornig sie darüber war, dass Dunois und die anderen Hauptleute weiterhin eine direkte Konfrontation mit den Engländern zu vermeiden suchten. Diese Zurückhaltung hatte allerdings einen guten Grund: Die am 29. April in Richtung Blois abgeleiteten Mannschaften nebst Verpflegungskonvoi befanden sich noch auf dem Umweg nach Orleans. Jeanne nutzte die Muße zu weiteren demonstrativen Aktionen, deren wichtigste und am stärksten nachwirkende die Verfertigung und Absendung einer zweiten Botschaft an die englischen Besetzer in der Tourelles-Bastille war. Dunois äußert sich über diesen zweiten Brief an die Engländer in seiner Aussage im Revisionsprozess ziemlich lakonisch. Sie habe die Engländer in der ihr eigenen Idiomatik schlicht aufgefordert, nach England zurückzukehren, sonst werde ihnen Übles geschehen. «Und von jener Stunde an, so versichert der Zeuge, fürchteten die Engländer, «von denen zuvor 200 Mann 800 oder 1000 Mann des königlichen Heeres in die Flucht treiben konnten», die nicht einmal 500 Mann der Jungfrau so sehr, «dass sie sich aus ihren Schutzbauten oder Bastillen nicht mehr heraus wagten» (D 1, S. 320). Ein Eindruck, den auch Jeannes Beichtvater Pasquerel teilte: Es sei ein Wunder gewesen, wie furchtsam die Engländer plötzlich wurden.

Auch nutzte Jeanne die Zeit des (ungeduldigen) Wartens auf die Truppen aus Richtung Blois, um sich der Bevölkerung im vollen Harnisch zu zeigen und, begleitet vom einfachen Volk, die Festungen der Belagerer genauer in Augenschein zu nehmen. Dies entspricht sehr genau der zitierten Aussage von Dunois, dass die Belagerer sich aus Furcht vor der Jungfrau (der Hexe, wie die Engländer glaubten) in ihren Befestigungen quasi versteckten.

Die Zeit des Abwartens und Taktierens war am 4. Mai vorbei, als die Streitkräfte endlich vor Orleans versammelt waren. Bereits am selben Tag wurde Saint Loup, das der Porte de Bourgogne vorgelagerte englische Fort, eingenommen. Offensichtlich kam es aber hierbei erneut zu Spannungen zwischen den Militärs und der Jungfrau. Nachdem bekannt geworden war, dass eine englische Ersatztruppe unter Falstaff auf dem Wege nach Orleans war, herrschte Jeanne den «Bastard» und Stadtkommandanten Dunois nach dessen Erinnerung an, sie werde ihm den Kopf abschlagen, wenn er sie nicht rechtzeitig von deren Ankunft informiere. Dunois will resigniert geantwortet haben, dass er an der Verwirklichung dieser Drohung nicht zweifele. Aber dann entbrannte der Kampf um Saint Loup auch ohne Mitwirken der Jungfrau, die von ihrem Quartier aus den Gefechtslärm vernahm, das Banner ergriff und «funkensprühend» (so die Erinnerung ihrer Quartiersgeberin) zum Ort des Geschehens galoppierte. Ihr Page, Louis de Coutes, hat diesen Bericht bestätigt und hinzugefügt: Als die Engländer Jeanne mit ihrem Banner ankommen sahen, schrien sie vor Entsetzen. Die Bastille Saint Loup wurde genommen und viele Engländer von der Orleaneser Miliz erschlagen, wobei Jeanne noch einige von ihnen rettete.

Dem «Journal du Siège» zufolge waren an dieser Schlacht Edelleute und 1500 einfache Kämpfer (Soldaten und Orleaneser Miliz) beteiligt, und die Erstürmung von Saint Loup habe drei Stunden gedauert.

Der 5. Mai war ein hoher Feiertag (Christi Himmelfahrt), und die Kämpfe blieben deshalb eingestellt. Jeanne nutzte die Zeit, um erneut eine Botschaft an die Engländer zu senden. Diese wurde an einen Pfeil gebunden in die englische Festung befördert, denn die Engländer hatten einen der Überbringer des früheren Briefes immer noch nicht freigelassen.

Dieser Brief hatte folgenden Wortlaut:

«Ihr Männer aus England, die Ihr kein Recht habt an diesem Königreich Frankreich: Der König des Himmels warnt Euch und mahnt Euch durch mich, Johanna die Jungfrau, Eure Forts aufzugeben und in Euer Land zurückzukehren. Wenn nicht, werde ich Euch solchen Lärm machen, dass Ihr Euch immer daran erinnern werdet. Und dies schreibe ich Euch zum dritten und letzten Mal und werde es Euch nicht noch einmal schreiben. Gezeichnet: Jesus-Maria, Jehanne la Pucelle» (D 3, S. 76).

Die Engländer beschimpften Jeanne daraufhin von der Festung herab voll hilfloser Wut als Armagnac-Hure, worüber sie in Tränen ausgebrochen sein soll.

Am folgenden Tag, dem 6. Mai, kam es wieder zu Kämpfen um die einzelnen *bastilles*. Die Engländer zogen sich schließlich zur Gänze auf die Hauptfestung, Les Tourelles, zurück. Am Abend soll nach Pasquerels Erinnerung wiederum ein Kriegsrat ohne Hinzuziehung der Jungfrau stattgefunden haben, und ein Hoher Herr habe ihr anschließend berichtet, man wolle auf weitere Kämpfe verzichten, denn man sei froh, mit Gottes Hilfe so viel gegen die gut gerüsteten Engländer erreicht zu haben. Man wolle deshalb weiteren Ersatz durch königliche Truppen abwarten und derweil die Stadtvorräte bewachen. Jeanne war – wieder einmal – äußerst erbost: «Ihr wart in Eurem Rat und ich habe den meinen [von Gott] eingeholt.» Und sie habe dem Zeugen, ihrem Beichtvater, angedeutet, dass sie am folgenden Tag energisch kämpfen und dabei auch eine Verwundung erleiden werde.

Der 7. Mai sollte tatsächlich die Entscheidung bringen. Jeanne war fest entschlossen, den Kampf jetzt zu Ende zu führen, wie ihr Beichtvater berichtet, auch wenn sie vorher schon wußte, dass sie dabei schwer verwundet werden würde. Aber der Kriegsrat um Dunois u. a. machte erneut Schwierigkeiten, glaubt man dem Bericht von Simon Charles (einer der Begleiter Jeannes von Vaucouleurs nach Chinon): Man habe in der Tat abwarten wollen und die Stadttore bewachen lassen, so dass «niemand hinausgelangen konnte» (D 1, S. 401). Jeanne sei darüber erzürnt gewesen und habe darauf gedrungen, dass die Ritter gemeinsam mit Vertretern des Stadtvolkes vor den englischen Befestigungen erscheinen sollten. «Und viele Bewaffnete und Leute aus der Stadt waren derselben Auffassung». Schließlich sei man entgegen dem Willen der Ritter aus der Stadt gegen die noch besetzten englischen Forts vorgegangen und habe sie «schnell und mit Gewalt» eingenommen.

Der entscheidende Angriff auf Les Tourelles fand an eben diesem 7. Mai statt. Jeanne hatte – nach eigener Aussage im Prozess – zunächst eine lange Leiter angelegt, bei deren Besteigung sie, wie von ihren Stimmen vorhergesagt, durch einen Pfeil schwer verletzt wurde. Sie wurde versorgt, ließ aber keine Behandlung mit Zaubermitteln zu. Nach einiger Zeit griff sie wieder an. Die Kämpfe dauerten den ganzen Tag. Wie Aulon, Dunois u. a. berichten, wollte man abends erschöpft abbrechen, aber schließlich habe Jeanne noch einmal zu ihrem Banner gegriffen. Dies sehend habe die Mannschaft wieder Mut gefasst und die Bastille Les Tourelles im Sturm genommen. Der Kommandant Glasdale sei von der Mauer gestürzt und in der Loire ertrunken. Bei der Eroberung wurde auch eine interessante Kriegslist angewandt. Ein Boot mit brennbaren Materialien wurde auf dem Fluss unter die Zugbrücke des Forts manövriert und dort angezündet, wodurch die Brücke beschädigt und ein englischer Ausfall aus dem Fort vereitelt wurde. Es gibt heute noch Quittungen der Stadt Orleans für die Bezahlung der beiden Fischer, die dieses Kommandounternehmen erfolgreich durchführten.

Am 8. Mai, einem Sonntag, sollte es eigentlich zu einer Entscheidungsschlacht kommen. Engländer und Franzosen standen sich kampfbereit gegenüber, aber Jeanne befahl den Soldaten, nur dann zu kämpfen, wenn die Engländer angriffen. Am Sonntag war ein Angriff nicht erlaubt. Schließlich zogen die Engländer – wohl derselben christlichen Auffassung – ab. Man ließ sie ziehen.

Die Rückkehr der Truppen nach Orleans wurde zu einem Triumphzug für die Pucelle. Mit der Befreiung von Orleans hatte Jeanne nunmehr das von ihr verlangte «Zeichen» ihres göttlichen Auftrages gegeben, wie sie es bereits in Chinon versprochen hatte. Von nun an war Jeanne d'Arc eine Berühmtheit, deren Taten Eingang in eine Vielzahl zeitgenössischer Quellen bei Freund und Feind fanden. Hohe Herren suchten ihre Nähe oder sandten Botschaften, wie der Graf von Armagnac, der ihr im Juli 1429 schreiben ließ, sie möge ihn mit Gottes Hilfe darüber aufklären, welcher der aktuellen drei Päpste denn nun der wahre Papst sei. Jeanne antwortete ihm, sie wolle gelegentlich dazu Stellung nehmen, habe aber momentan Anderes zu tun.

Der Feldzug an der Loire

Mit der Befreiung von Orleans hatte sich das politische Blatt gewendet und das Valois-Königtum war erstarkt. Aus dem oft ironisch als «kleiner König von Bourges» bezeichneten Dauphin Charles war wieder eine ernsthafte Alternative für die Krone von Frankreich geworden. Diesen Umschwung konnte man schon daran ablesen, dass sich das königliche Heer ab Mitte Mai 1429 vergrößerte – von überall her strömten Kontingente regionaler Landesherren oder einzelne Ritter mit ihren *compagnies*.

Aber natürlich galt diese neue Zuwendung nicht so sehr dem König selber als der so erfolgreichen Jungfrau, die ab jetzt auch in zeitgenössischen Quellen als «Pucelle d'Orléans» bezeichnet wurde. Der Erfolg von Orleans war allein ihrem Charisma und mitreißendem Elan zuzuschreiben. Sie war jetzt von einer Sieges-Aura umgeben, der man sich kaum entziehen konnte, woraus sich auch das Gelingen der weiteren militärischen Schritte erklärt. Untrennbar hiermit verbunden war die nunmehr *ad oculos* vermittelte Gewissheit, dass die Jungfrau mit Gott im Bunde war. Denn das zuvor geforderte «Zeichen» für ihre göttliche Sendung hatte sie gegeben, so wie sie es vor der Untersuchungskommission in Poitiers versprochen hatte.

Die militärischen Erfolge veränderten anscheinend auch das Verhalten Jeanne d'Arcs: Das ebenso spontane wie natürliche Bauernmädchen entwickelte sich mehr und mehr zu einem *chef de guerre*, zu einer militärischen Führerin, deren Anweisungen auch schneidend scharf sein konnten, die keinen Widerspruch duldete und die zudem offensichtlich auch mehr und mehr Gefallen an ihrer kostbaren Rüstung und Ausstattung fand. Im Verdammungsprozess wurde ihr dieses Verhalten als *superbia* – Hochmut – ausgelegt und war ein wichtiger Anklagepunkt. Auch spätere Gegner der Jungfrau und manche Historiker haben diese Entwicklung scharf kritisiert.

Gleichwohl: Jeanne d'Arc hat sich im Laufe ihres erfolgreichen Jahres als Schlachtenlenkerin und Königsmacherin doch nicht grundsätzlich gewandelt. Ihre Stimmen blieben ebenso Leitschnur ihres Handelns wie ihre Glaubenskraft. In der Einsamkeit des Verdammungsprozesses und in der Verlassenheit vor dem Tode war sie wieder die schlichte Jungfrau, die auf Gott und ihre Eingebungen vertraute und deshalb unangreifbar blieb. Die Einheit der Gestalt wurde weder durch ihren Aufstieg zur strahlenden Kriegsheldin noch durch ihren späteren Fall beschädigt.

Die ganze Persönlichkeit der Jungfrau nach ihrem Sieg von Orleans findet sich prägnant dargestellt in einem Brief, den der hochadelige André de Laval am 8. Juni 1429 an seine Großmutter und Mutter richtete und in dem er ausführlich über seine und seines Bruders Guy Begegnung mit Jeanne berichtet. Die betreffenden Passagen dieses in der Tradition der Jeanne d'Arc-Erzählung berühmten Schriftstücks – es wurde bereits im 17. Jahrhundert in einer Sammlung von Quellenstücken zur Geschichte Charles VII veröffentlicht – seien hier zitiert:

«Am Montag brach ich mit dem König nach Selles en Berry auf. (...) Der König ließ die Jungfrau, die schon an diesem Ort war, zu sich kommen. (...) Und nachdem wir in Selles angekommen waren, besuchte ich sie in ihrer Herberge; sie ließ Wein kommen und sagte, bald würde sie mir ihn auch in Paris zu trinken geben; alle ihre Taten erscheinen als göttlich, und so ist es auch wenn man sie selber sieht und hört. Und an diesem Montag hat sie zur Vesperzeit Selles verlassen, um sich nach Romorantin, drei Orte entfernt, zu begeben. Sie ritt voran und führte die Hinzugekommenen mit sich, den Marschall de Boussac und eine große Anzahl von Bewaffneten und Leuten aus der Stadt. Ich sah, wie sie aufs Pferd stieg. Sie war in weißglänzender Rüstung, nur ohne Helm, und hielt eine kleine Streitaxt in der Hand. Vor ihrer Herberge bäumte sich das Pferd auf und wollte sie nicht aufsitzen lassen, da sagte sie: ‹Führt es zum Kreuz›; das stand vor der Kirche an der Straße. Und dort stieg sie auf ohne dass sich das Pferd bewegte, als sei es festgebunden. Da drehte sie sich zur Schwelle der nahe gelegenen Kirche und sagte mit ziemlich weiblicher Stimme: ‹Ihr Priester und Kirchenleute, macht eine Prozession und betet zu Gott.› Dann kehrte sie auf den Weg zurück und sagte: ‹Zieht los, zieht los!› Ihr zusammengerolltes Banner trug ein anmutiger Page, und sie hielt ihre kleine Streitaxt in der Hand» (Q 5, S. 107 f.).

Bei den Würdenträgern und Rittern am königlichen Hof herrschte jedoch auch weiterhin Skepsis gegenüber der «gottgesandten Retterin». Davon zeugt das Rundschreiben, welches der Dauphin am 10. Mai 1429, zwei Tage nach der Einnahme von Orleans, an die königstreuen Städte richtete, und dessen Ausfertigung für Narbonne erhalten geblieben ist. Über mehrere lange Absätze hinweg werden hier die militärischen Erfolge des Dauphin gefeiert. Nur einmal aber ist nebenher die Rede von Jeanne d'Arc: «Und Ihr könnt die mutigen Taten und wunderbaren Dinge, von denen der Herold, der dabei war, uns berichtete, nicht genug ehren, wie auch die weiteren Taten, denen der Jungfrau, welche die ganze Zeit über persönlich an allem teilnahm» (Q 5, S. 103).

Die Spannungen, die bei der Befreiung von Orleans so deutlich zutage getreten waren, konnten auch späterhin nicht überwunden werden. Während Jeanne nach ihrem Erfolg auf direktem Weg nach Reims ziehen wollte, um in der dortigen Kathedrale den Dauphin feierlich zum König krönen zu lassen, war der königliche Hof anderer Auffassung: Man habe nicht genug Geld, um auf Dauer ein Riesenheer von ca. 10 000 Mann zu unterhalten, und überdies führe der Weg nach Reims zur Gänze durch englisch kontrolliertes Gebiet mit Städten, die alles andere als Valois-freundlich seien. Zudem wurden Bedenken geäußert, den seit einigen Jahren angebahnten Prozess der Verständigung mit Burgund durch gewaltsames Eindringen in burgundisches Gebiet zu gefährden. In strategischer Hinsicht wurde – nicht unbegründet – geltend gemacht, dass es sinnvoller sei, zunächst in Richtung Chartres und Paris oder bis in die Normandie vorzustoßen. Daran hatte unter anderem Alençon großes Interesse, dessen dortige Besitzungen von den Engländern konfisziert worden waren.

Perceval de Cagny, der treue Begleiter und Historiograph des «schönen Fürsten» Alençon, hat um 1435 – also wenige Jahre später – diese Bedenken, Intrigen und Begehrlichkeiten sorgfältig notiert und auch Jeannes damalige drastische Reaktion wiedergegeben: «Bei meinem Knüppel, ich werde den guten König Charles und sein Heer bis nach Reims bringen, sicher und ohne Umwege, und dort werde ich ihn gekrönt sehen.» Lakonisch fügte der Chronist hinzu: «Und niemand wagte, ihr zu widersprechen» (Q 4, S. 11). Dies umso weniger, als Jeanne nicht nur mystisch raisonnierte, sondern auch politisch und taktisch argumentierte. Nach Dunois' Aussage im Revisionsprozess vertrat sie nachdrücklich die Meinung, dass nach der Weihe «die Macht der Gegner immer geringer werde, und dass sie dann weder ihm [dem König] noch seinem Königreich Schaden würden zufügen können.» Und alle hätten schließlich dieser Auffassung zugestimmt.

Diese Gespräche und Verhandlungen über das weitere Vorgehen fanden zwischen dem 23. Mai und 6. Juni 1429 auf den königlichen Residenzen von Tours und Loches statt. Ab dem 11. Juni war Jeanne wieder in Orleans, wo sich die von überall herbeiströmenden Truppen sammelten.

Der Weg von Orleans nach Reims führte über die Orte Jargeau und Troyes, womit auch die Hauptschlachten auf dem Feldzug zur Krönung nach Reims benannt sind. Hinzu kommt noch der Abstecher nach Patay, wo die vielleicht spektakulärste und symbolträchtigste Schlacht stattfand.

Der erste größere Kampf entwickelte sich bereits am 11. und 12. Juni vor der Stadt Jargeau, wohin sich die vor Orleans zerschlagenen englischen Truppen zurückgezogen hatten. Die Ereignisse lassen sich nach den zeitgenössischen Quellen kurz folgendermaßen zusammenfassen: Die Stadt wurde von Suffolk, dem einzigen Überlebenden der englischen Hauptkommandanten und von etwa 600–800 Mann verteidigt. Der Angriff vollzog sich zunächst in Form einer kurzen Belagerung der königlichen Truppen unter d'Alençon, an der die Ritter La Hire, Dunois, Gilles, Boussac mit ihren *compagnies* teilnahmen. Insgesamt gab es nach Perceval «2000–3000 Kämpfer und noch einmal so viele Leute aus dem gemeinen Volk» (Q 4, S. 11 f.). Letztere drängten auf eine sofortige Erstürmung der Stadt, führte man doch schweres Gerät und Geschütze aus Orleans mit und konnte somit gleich mit der Beschießung beginnen. Die Truppenführer zögerten hingegen: Die Stadt schien in bester Verteidigungsposition zu sein, einzelne Vorstöße von allzu «Begeisterten» führten bereits zu blutigen Verlusten. Jeanne, die von Loches kommend erst spät zu den Belagerungstruppen stieß, brachte wieder einmal ihren unvergleichlichen Elan ein und erzwang die Entscheidung zum Angriff. Wie Alençon berichtet, sagte sie ihm, er solle nichts fürchten, «agissez et Dieu agira». Das war ihr Motto: Gott hilft, wenn man für die gerechte Sache kämpft. Entschiedenes und schnelles Vorgehen bringt den Sieg. Auch in diesem Kampf war Jeannes Mut vorbildlich. Sie erklomm die erste Sturmleiter und ließ sich auch nicht zurückhalten, als ein schwerer Stein sie am Helm traf. Die Verteidiger hatten dem nichts entgegenzusetzen, und Suffolk bat um einen Waffenstillstand. Dieser aber wurde in der Hitze des Kampfes nicht beachtet, wieder einmal stießen Usancen der Ritterlichkeit mit der neuen Wut des heiligen Kampfes zusammen. Nach Alençons Erinnerung wurden nur 40 Gefangene gemacht, aber mehr als 1100 Engländer erschlagen. Perceval berichtet lakonisch: Der «Graf Sufford» wurde gefangen genommen und «die Mehrzahl der Engländer zu Tode gebracht» (Q 4, S. 13). Das «Journal du Siège» stellt dieses Gemetzel ziemlich ausführlich dar: Man habe die (ritterlichen) Gefangenen bei Nacht auf dem Flussweg nach Orleans gebracht «aus Furcht, dass sie sonst getötet würden». Denn es habe zuvor schon eine erhitzte Diskussion unter den Franzosen gegeben, was mit den Gefangenen zu geschehen habe. Auch sei die Stadt Jargeau ausgeplündert worden, «sogar die Kirche, wo man eine Menge von Lebensmitteln untergebracht hatte.»

In der Jeanne d'Arc-Literatur werden, je nachdem, ob man zu den Verehrern oder den Kritikern der Jungfrau gehört, die Ereignisse von Jargeau entweder verschwiegen (Pernoud) oder dramatisiert (Lucie-Smith, Thomas, Besson). Wie hoch auch immer die genaue Zahl der zu Tode gekommenen Engländer war, fest steht, dass der Kampf eine neue Dimension gewonnen hatte. Er war endgültig zum «Volkskrieg» geworden, und es fragt sich, wieweit dies der Jungfrau zuzuschreiben war.

Im Verdammungsprozess wurde sie ausführlich zu den Vorfällen von Jargeau befragt: Warum sie das Übergabeangebot von Suffolk nicht angenommen habe? Diese und andere Fragen, die darauf abzielten, ihr eine grausame Kriegführung nachzuweisen, beantwortete Jeanne ausweichend: Die französischen Kriegsherren hätten die geforderten 14 Tage Waffenruhe nicht akzeptiert, sondern den sofortigen Abzug der Engländer verlangt. Sie selber habe gesagt, dass die Engländer mit dem, was sie gerade auf dem Leibe trügen, wegziehen sollten. Wenn nicht, werde man die Festung stürmen. Und auf die zusätzliche Frage der Richter, ob sie sich über diese Fragen mit ihren Stimmen beraten habe – nur Teufelsstimmen können solche Grausamkeiten raten –, antwortete Jeanne ganz merkwürdig unentschlossen, dass sie daran keine klare Erinnerung habe. Wie ernst diese Vorfälle von Jargeau genommen wurden, mag die Tatsache unterstreichen, dass in den 70 Anklage-Artikeln des Prozesses von Rouen 1431 der Artikel 18 eingefügt wurde, in welchem behauptet wurde, Jeanne habe mit aller Macht versucht, den

Dauphin und dessen Getreue von Friedensverträgen mit den Feinden abzuhalten; sie habe «sie zu Mord und Blutvergießen angestachelt und behauptet, dass der Friede nur mit der Lanze und dem Schwert zu erhalten sei». Jeanne d'Arcs Antwort auf diese schwerwiegenden Beschuldigungen fiel sehr differenziert aus: Sie selber habe den Burgundern Frieden angeboten. «Was aber die Engländer angeht, so ist erst dann Frieden, wenn sie in ihre Heimat abziehen, nach England» (T 2, S. 180). Einen solch unbedingten – «nationalen»? – Standpunkt hatte Jeanne bereits im zitierten «Brief an die Engländer» eingenommen: Sie sei von Gott geschickt, «um Euch aus ganz Frankreich zu verjagen». Ein in der Tat radikaler Standpunkt, der beim Volk auf Begeisterung stieß, im internationalen Rittertum Europas aber nur geteilte Zustimmung, später auch starke Ablehnung fand.

Jargeau fiel am 12. Juni 1429, und dieser grandiose Sieg beflügelte die königlichen Truppen noch mehr. Ohne größere Gegenwehr wurden in den folgenden Tagen die von den Engländern gehaltenen Orte Meung und Beaugency im Loire-Tal genommen. Mehrere zeitgenössische Quellen schildern, wie der Erfolg der Pucelle die Erwartungen steigerte und auch die Bereitschaft vieler Edelleute, mit ihren *compagnies* am Erfolg teilzuhaben und in das Valois-Königtum zu investieren.

Am bemerkenswertesten war das Angebot des *connétable* – des obersten Feldherrn des Königs – Arthur de Richmont, zugleich auch Schwager des Burgunderfürsten Philippe, der wegen schwerwiegender Auseinandersetzungen mit dem König und dessen Berater La Tremoille am Hofe *persona non grata* war, sich und seine Mannschaft – etwa 1000 Mann – für die bevorstehenden entscheidenden Kämpfe gegen die Engländer zur Verfügung zu stellen. Gegen den widerstrebenden König gelang es Jeanne, Richmont und seine Truppe ins königliche Heer zu integrieren.

Zu der wohl entscheidenden Großschlacht kam es wenige Tage später bei Patay, nordwestlich von Orleans. Hier hatten sich die von Orleans, Jargeau, Meung und Beaugency retirierenden Engländer zusammengezogen; weitere Verstärkungen trafen ein, die eilig von Garnisonen im Pariser Raum und der Normandie entsandt worden waren.

Am 18. Juni kam es zur Schlacht, an der 7000 Franzosen und fast ebenso viele Engländer beteiligt waren. Entscheidender Vorteil der «Armagnacs» war – wieder einmal – ihr Elan und die Schnelligkeit, mit der man es verstand, die Vereinigung der von den fähigsten englischen Heerführern, Talbot und Falstaff, geführten Hauptkontingente zu verhindern. Der Chronist Jean de Wavrin, der auf englischer Seite kämpfte, hat dieses taktisch entscheidende Überraschungsmoment lakonisch folgendermaßen beschrieben: «... und die Franzosen waren im Kampf schon so weit vorgedrungen, dass sie nach Belieben ergreifen oder töten konnten, wen sie wollten. Und schließlich wurden die Engländer hier vollständig niedergemacht, wobei die Franzosen nur wenige Verluste hatten. So gab es auf Seiten der Engländer mehr als 2000 Gefallene und 200 Gefangene» (Q 4, S. 423). Auch der Heerführer Talbot wurde gefangen genommen, später allerdings gegen ein Lösegeld wieder freigelassen.

Im Anschluss an diesen fulminanten Sieg wurden die königlichen Truppen zunächst in eine Art Ruhequartier bei Orleans zurückgenommen. Enguerrand de Monstrelet, der bekannteste zeitgenössische Chronist und Anhänger des Fürsten Johann von Luxemburg, welcher wenige Monate später Jeanne in Compiègne gefangen setzte, hat die Konsequenzen dieses großen Sieges folgendermaßen treffend geschildert:

Nach Patay «kehrten selbige Franzosen mit all ihren Gefangenen und der bei den gefallenen Engländern gemachten reichen Beute zurück. Und so zogen sie in die Stadt Orleans ein, wohin auch von überall her weitere Leute [des Königs] kamen. Dort wurden sie vom Volk mit großer Freude empfangen. Und insbesondere Jeanne die Pucelle erfuhr großes Lob und Verehrung. Alle glaubten, dass die Feinde des Königs keine Widerstandskraft mehr gegen sie haben würden und dass der König durch ihre Hilfe in Bälde wieder über sein ganzes Reich herrschen werde» (Q 4, S. 374).

Aber Jeanne hielt es nicht lange bei diesen Siegesfeiern. Da der Dauphin selber nicht nach Orleans gekommen war, eilte sie bereits am folgenden Tag zu ihm an den Hof, um ihn zu beschwören, keine Ruhepause einzulegen und nicht – wie von den königlichen Beratern gewünscht – nach dem Sieg von Patay die politischen Verhandlungen mit Burgund wieder aufzunehmen. Sie forderte den sofortigen Weiterzug nach Reims, um den Dauphin dort zum einzig legitimen König Frankreichs salben zu lassen. Am 22. Juni fand ein Kriegsrat zwischen dem König, seinen Feldherren und politischen Beratern in Châteauneuf sur Loire statt, wo Jeanne schließlich den Weiterzug nach Reims durchsetzte, war sie doch – wie gezeigt – der Auffassung, dass der Königsmythos nach der Salbung Garant für weitere militärische und politische Erfolge bei der Befreiung Frankreichs sein werde.

Jeanne war nun nicht mehr allein charismatische Heerführerin, sondern trat auch als Propagandistin hervor. Am 25. Juni, bevor sie mit der Vorhut der Truppen von Gien (wo sich alle königlichen Kontingente versammelt hatten) in Richtung Reims aufbrach, ließ sie ein Sendschreiben an die Bürger von Tournai, an der Straße nach Reims gelegen, schicken. Darin teilte sie den «guten und loyalen Franzosen» mit, dass es ihr gelungen sei, innerhalb von acht Tagen die Engländer aus allen Festungen zu vertreiben, die sie an den Ufern der Loire errichtet hatten. Es habe «viele Tote» gegeben und auch die wichtigsten englischen Heerführer seien entweder gefallen oder in Gefangenschaft geraten. Das Schreiben endete mit der Aufforderung an die «loiaux Franchois», zum Heer zu stoßen und gemeinsam mit Jeannes Truppen zur bald anstehenden Krönung des Königs nach Reims zu eilen.

Nachdem sich das von Burgund beherrschte Auxerre am 3. Juli nach einigen Tagen des Verhandelns ergeben hatte, gelangte das königliche Heer am folgenden Tag bis vor die Stadt Troyes. Troyes war eine wichtige Festung der englisch-burgundischen Macht, und die Bürger waren gegenüber den Valois sehr geteilter Meinung. Ein weiteres Sendschreiben der Jungfrau «an die Herren Bürger der Stadt Troyes» brachte keinen echten Umschwung, auch wenn Jeanne versprach bzw. drohte, dass das königliche Heer «was auch immer geschehe, bald in Reims und Paris sein» werde. Aber auch die Zusage, das Eigentum nicht anzutasten und dass sie vorhabe, einen «festen und guten Frieden» zu schließen, überzeugte die Bürger von Troyes offensichtlich nicht. Die Stadttore blieben geschlossen. Das Heer geriet hierdurch in eine peinvolle Lage, denn bald fehlte es an Nachschub und die Truppen hungerten. Die Berater des Königs drängten auf eine Rücknahme der Truppen auf die Stadt Gien und schlugen Abwarten sowie weitere Verhandlungen mit Burgund vor. Alternativ wurde auch erwogen, Troyes einfach zu umgehen und direkt auf Reims zu marschieren.

Jeanne hingegen vertrat vor dem Rat des Königs energisch die Auffassung, dass Troyes erstürmt werden müsse; sie glaubte – nach Dunois' Aussage –, dass die burgundische Führung nicht vertrauenswürdig sei und nur durch eine militärische Niederlage «beeindruckt werden» könne. Sie versprach dem König eine Erstürmung der Stadt binnen dreier Tage. Der König und seine Berater gaben nach, und Jeanne bereitete den Sturm so fachmännisch vor, «wie es zwei oder drei erfahrene und berühmte Kriegsherren nicht vermocht hätten» (D 5, S. 9). Die Einwohner, die die Vorbereitungen von den Wällen der Stadt aus beobachten konnten, waren darüber so erschrocken, dass sie schon am folgenden Tag (10. Juli) aufgaben und dem König Gehorsam schworen. Die rasche Kapitulation ist möglicherweise auch auf einen Vorfall zurückzuführen, der heute bizarr anmutet, dem in der damaligen Zeit jedoch eine eminente Bedeutung zukam und der im Verdammungsprozess Gegenstand der Befragung war. Noch während der Übergabe-Verhandlungen hatten nämlich die Bürger von Troyes einen Bettelmönch, den als Prediger mit ungeheurem Massenzulauf geschätzten Franziskanerbruder Richard, vor die Stadt geschickt, der mittels des Weihwassertests herausfinden sollte, ob die Jungfrau des Teufels sei. Aber Jeanne empfing ihn freundlich, hielt die Besprengung mit Weihwasser aus und ermunterte den Bettelmönch näher zu treten, sie werde nicht davonfliegen. Bruder Richard war nunmehr überzeugt, dass Jeanne keine Hexe war, und mit ihm waren es auch die anderen Mönche: Seit der Übergabe von Troyes wurde der Heereszug auf Reims von Bettelmönchen begleitet, die – wie Dunois berichtet – Gesänge «zu Ehren der Heiligen Jungfrau und Gottesmutter» anstimmten.

Mit der Übergabe von Troyes war der Erfolg des Zuges auf

Reims gesichert. Die Bürger von Châlons übergaben dem König die Schlüssel ihrer Stadt genauso wie die Bürger von Reims, die gegen den Willen hoher burgundischer Offizieller eine Delegation vor die Tore schickten und dem König feierlich den Stadtschlüssel überreichten, wofür sie einen Gnadenerlass erhielten.

Die Königskrönung in Reims

Mit dem Einzug des königlichen Heeres in die Stadt Reims hatte Jeanne d'Arc all jene militärischen und politischen Schwierigkeiten überwunden, die ihrem Hauptziel, den Dauphin Charles zum legitimen König Frankreichs zu machen, entgegengestanden hatten. Nun war sie an dem Ort angelangt, wo die französischen Könige seit 1179 ihren *Sacre*, die Krönung und Salbung, erhielten. Die besondere «Heiligkeit» des französischen Königtums, die enge Verbindung von Erbmonarchie und kirchlich bestätigter Gottgewolltheit, war und blieb bis in die Neuzeit ein wichtiges Fundament der absoluten Monarchie. Jeanne d'Arc, geprägt durch den Krieg, die Zerrissenheit Frankreichs und die englische Besetzung, hatte von ihren Stimmen und Visionen den Auftrag erhalten, den Dauphin durch die Weihe zum König von Frankreich zu machen. Das war ihr erklärtes Ziel, welches sie energisch gegen die militärischen Experten und politischen Berater des Königs vertrat, die eine solche Demonstration bzw. Prinzipienpolitik für gefährlich, überflüssig oder politisch kontraproduktiv hielten; zuletzt noch vor Troyes, als sie ihren Widersachern erklärte, dass der *Sacre* auch politisch von höchster Bedeutung sei, würde doch das Valois-Königtum hierdurch ungemein starken Zulauf erhalten. Mit diesem natürlich nicht allein politischen Kalkül traf Jeanne d'Arc offensichtlich genau die Bedürfnisse und Erwartungen des Volkes, in dem, wie Colette Beaune gezeigt hat, der Mythos des «Königsblutes» und der Weihe von Reims viel stärker verwurzelt war als bei den Gebildeten und den politischen Machthabern. Und dies war auch der Grund, warum die Bevölkerung aus den Städten Jeannes Aufruf, sich den königlichen Truppen anzuschließen, folgte. Auch aus Domrémy kam eine fünfköpfige Delegation, darunter Jeannes Vater Jacques.

Wie auch immer die Haltung der Bevölkerung gegenüber Charles VII vor dessen Einzug in die Stadt gewesen sein mag: Als der König und sein Heer am 16. Juli 1429 tatsächlich einzogen, wurde er – so der Chronist Perceval de Cagny – von allen Würdenträgern, den Bürgern und dem einfachen Volk überschwänglich willkommen geheißen. Eberhard von Windecke, dessen zeitgenössische deutsche Chronik bestens zeigt, wie genau das damalige Geschehen in Frankreich auch von Deutschland aus beobachtet wurde, hat den Andrang des Volkes in einer einprägsamen Mysterien-Fabel zusammengefasst: Von überall drängten die Menschen so sehr herbei, dass sie die Weinberge zertrampelten, so dass die Rebstöcke abknickten und die Früchte welkten. Und als das königliche Heer dann weitergezogen war, haben sich die Pflanzen wieder aufgerichtet und später wunderbare Früchte getragen.

Über den genauen Ablauf der Königskrönung von Reims, am 17. Juli 1429, wissen wir nur recht wenig. In den Akten des Verdammungs- und des Revisionsprozesses finden sich hierzu keine Hinweise, und die zeitgenössischen Chroniken liefern nur spärliche Informationen. Interessant ist jedoch die Tatsache, dass die erheblichen Vorbereitungen, die solche Krönungsfeiern beanspruchten, in diesem Fall in äußerst knapper Frist erfolgen mussten. Perceval drückt dies ebenso einfach wie plastisch aus: Nachdem der König in Reims eingetroffen war, wurde «den ganzen Tag und die folgende Nacht eine große Menge eiliger Besorgungen unternommen für all die offiziellen Akte, die zum Sacre und zur Krönung des Königs gehörten»(Q 4, S. 19). Beispielsweise musste die Amphore, in welcher sich das nach der Überlieferung vor vielen hundert Jahren von einer weißen Taube herbeigebrachte heilige Öl befand, für die Salbung aus der Abtei Saint Remi geholt werden, womit einige Hohe Herren aus dem Gefolge des Königs – u. a. Gilles de Rais – beauftragt wurden. Und da sich die Krönungsinsignien in der Kathedrale von

Saint Denis befanden, also inmitten des von den Engländern beherrschten Gebietes der Ile de France und somit unerreichbar waren, wurde ersatzweise eine Krone aus den Beständen der Kathedrale von Reims benutzt.

Die Königsweihe folgte einem seit dem Heiligen Ludwig (Saint Louis) überkommenen und seit 1380 kodifizierten Ritual, dessen Bedeutung für die Herausbildung des zentralisierten Staates nicht hoch genug eingeschätzt werden kann. Hierzu gehörte u. a. die Anwesenheit der wichtigsten politischen und geistlichen Würdenträger: sieben weltliche und fünf geistliche Pairs de France (außer dem König selbst waren dies die Herzöge von Burgund, Aquitanien und der Normandie, die Grafen von Toulouse, Champagne und Flandern sowie der Erzbischof von Reims und die Bischöfe von Beauvais, Chalons, Laon und Noyon). Die Pairs trugen bei den Krönungsfeierlichkeiten die Insignien der königlichen Gewalt.

Der König von Frankreich erhielt durch den *Sacre* eine besondere «Heiligkeit» d. h. Legitimität, die sich charakteristisch verband mit dem Prinzip der dynastischen Erbfolge, dem «Königsblut». Die herausragende Stellung des französischen Königtums auch gegenüber anderen europäischen Erbmonarchien wird durch den Mythos, dass der gesalbte König die Kraft zur Wunderheilung besitze, besonders betont. In der europäischen Kulturgeschichtsschreibung ist dieser Aspekt der besonderen Heiligkeit der «wundertätigen Könige» (so der Titel einer wegweisenden Arbeit von Marc Bloch) besonders stark betont worden. Die Popularität des Königtums, seine kontinuierliche Unterstützung auch durch das einfache Volk, lag nicht zuletzt an der angenommenen Fähigkeit, die «Skrofeln» (Lymphdrüsenerkrankung) durch Handauflegen zu heilen. Da diese Heilhandlung immer auch von Geld- und Nahrungsgaben an das hierfür zusammengeströmte Volk begleitet war, wurde die Glaubwürdigkeit des Wunderheilens natürlich enorm verstärkt.

Im Kreis der Edelleute und Ritter war die Unabdingbarkeit und Wirkungskraft des Salbungsritus nicht unumstritten, bei den einfachen Menschen aber blieb der Glaube an den Krönungsmythos ungebrochen. Jeanne d'Arcs Forderung, der König

Abb. 5: Ingres «Jeanne bei der Königsweihe» (1855)

müsse unbedingt seinen *Sacre* in Reims erhalten, entsprach den tief sitzenden Überzeugungen der Menschen jener Zeit. Jeannes Popularität und Glaubwürdigkeit beruhten auf solchen grundlegenden Übereinstimmungen mit dem Glauben des einfachen Volkes.

Es wurde bereits erwähnt, dass Jeanne noch während des Zuges auf Reims als energische Propagandistin des *Sacre* auftrat, indem sie beispielsweise dem Herzog von Burgund ein Sendschreiben übermittelte mit der Aufforderung, sich zu unterwerfen und nach Reims zu kommen. Dies aber geschah nicht – für Burgund war Charles zwar inzwischen wieder Verhandlungspartner, nicht aber legitimer Herrscher Frankreichs. Auch weitere politische und geistliche *Pairs de France* blieben der Zeremonie fern, entweder weil sie Charles ablehnten oder weil sie durch englisch-burgundisches Gebiet hätten ziehen müssen. Um den vorgeschriebenen Königsritus unter diesen Umständen überhaupt durchführen zu können, griffen der König und sein Gefolge zu einem schon die zeitgenössischen Berichte amüsierenden Kunstgriff. Man erfand «Vertretungen» der abwesenden Pairs, wozu der Ritter Gui de Laval in aller Eile noch in den Grafenstand erhoben wurde. Alençon seinerseits wurde mit der Stellvertretung des Burgunders beauftragt, und für die anderen abwesenden Pairs figurierten die Grafen von Clermont und Vendôme.

Die feierliche Krönung und Salbung des Königs durch Regnault de Chartres, Erzbischof von Reims und gleichzeitig Kanzler des Reiches, fand am 17. Juli 1429 in einer für die damalige Zeit sehr kurzen, nämlich nur dreistündigen Zeremonie statt. Der Krönungsakt war vollzogen, nachdem der König gegenüber dem Erzbischof die «hergebrachten Eide» der Könige Frankreichs geleistet hatte. Eine weitergehende Detailbeschreibung der Zeremonien des *Sacre* von 1429, wie sie in Literatur und Film gemeinhin gegeben wird, lassen die Quellen jener Zeit nicht zu. Eine Besonderheit dieser Zeremonien ist allerdings sehr wichtig und hat sich tief in das französische Nationalgedächtnis eingeprägt, nämlich die Präsenz der Heldin am Hochaltar. Jeanne, so sagt der offizielle Hofhistoriograph Jean Chartier, «die der Grund für diese Krönung des Königs und für die gesamte Veranstaltung war», stand dabei und hielt ihre Fahne in der Hand (Q 4, S. 77). Dies ist tatsächlich eine der berühmtesten Szenen aus dem Leben der Jungfrau – auch heute vor allem präsent durch das Gemälde von Ingres, «Jeanne au *Sacre*» von 1855.

Interessanterweise wurde Jeanne auch im Verdammungsprozess von Rouen intensiv über die Krönungszeremonie befragt, vermuteten doch ihre Richter, dass diese Fahnen-Szene – ein im gesellschaftlichen *ordo* derart tiefstehender Mensch inmitten der Pairs de France! – wieder einmal ihre *superbia*, ihre teufelsgeleitete Anmaßung sowie das unchristliche Vertrauen in die *fortuna*, das Kriegsglück – zum Ausdruck brächte. Jeanne bekannte zwar, sie habe wohl die Fahne «ein wenig gehalten», erinnere sich aber nicht, ob der sie seit Troyes begleitende Bettelmönch Richard nicht ebenfalls das Banner getragen habe. Auf das insinuierende Fragen der Richter, warum diese Fahne während der Krönungszeremonien «höher gehalten» worden sei als die Fahnen der anderen *capitaines*, antwortete sie: «Sie war in der Not dabei, es war recht, dass sie auch in der Ehre dabei war» (Duby, S. 78).

Nach dem Bericht des «Journal du Siège» und anderer erzählender Quellen soll Jeanne nach Abschluß der Krönungszeremonien die Knie des Königs umfasst und ihm «unter heißen Tränen» gesagt haben, dass nunmehr – nach der Befreiung von Orleans und dem *Sacre* – Gottes Willen erfüllt sei. Denn jetzt sei Charles «in Wahrheit der König, dem das Königreich Frankreich zukommt». Spätere Erzählungen ab dem 17. Jahrhundert haben dem noch die Aussage hinzugefügt, dass Jeanne ihren göttlichen Auftrag mit dem *Sacre* als vollendet betrachtet habe. Die Frage, ob der «Auftrag» Jeanne d'Arcs sich nur auf die Befreiung von Orleans und den *Sacre* von Reims oder auf die Befreiung ganz Frankreichs von den Engländern erstreckt habe, hat im 19. Jahrhundert zu heftigem Historikerstreit geführt und wird kurioserweise noch heute diskutiert. Dies hängt mit dem bis zur Mitte des 19. Jahrhunderts erhobenen Vorwurf royalistischer und ultraklerikaler Autoren zusammen, Jeanne habe durch das weitere Kriegführen nach Reims ihren göttlichen Auftrag überschritten und sei deshalb selber schuld an ihrer Gefangennahme und ihrem Tod auf dem Scheiterhaufen. In diametralem Gegensatz hierzu stand die besonders im 19. Jahrhundert von antimonarchistischen Autoren vertretene These, dass Jeanne nach dem *Sacre* von Reims inmitten ihres Befreiungskampfes vom König verraten und von der Kirche verbrannt worden sei. Ohne hier näher auf diese ebenso komplexe wie spannende Problematik der Historiographiegeschichte Jeanne d'Arcs eingehen zu wollen (s. Schlusskapitel) sei klar gesagt, dass es vom Quellenbefund her nicht den geringsten Anlass gibt daran zu zweifeln, dass Jeanne d'Arc ihre «Sendung» mit dem *Sacre* keineswegs als beendet angesehen hat. Im bereits zitierten «Brief an die Engländer» steht eindeutig, dass sie vorhabe, die Engländer «aus ganz Frankreich herauszutreiben», und im Brief an die Bürger von Troyes liest man, dass sie mit ihrem Dauphin «sehr bald in Reims und Paris sein» werde. Auch hat sie Gui de Laval – wie in dem oben zitierten Brief an seine Verwandten zu lesen – erklärt, sie hoffe, ihn bald in Paris zu einem Glas Wein einladen zu können. Von einem

«Ende des Auftrags» war jedenfalls nach Abschluss der Krönungsfeierlichkeiten keine Rede. Auch der nunmehr gesalbte König betrieb offensichtlich – zumindest für eine gewisse Zeit – die militärische Eroberung des ganz in englisch-burgundischer Hand befindlichen Gebiets zwischen Reims und Paris. Dies kann im Übrigen auch darin begründet sein, dass der König sich zur Vollendung des *Sacre* in die Abtei und Kathedrale von Saint-Denis begeben musste, zur Gruft der Könige Frankreichs.

Jedenfalls waren die Tage nach der Krönung mit Vorbereitungen für den weiteren Feldzug angefüllt. Nicht weniger als 70 (!) Briefe des Königs an die Bürger der Stadt Reims soll es nach dem Archiv-Regest von Jean Rogier aus dem 17. Jahrhundert gegeben haben, in denen diese zur Bereitstellung von Kriegs- und Transportgerät sowie Nahrungsmitteln aller Art für das inzwischen stark angewachsene Königsheer aufgefordert wurden.

Der Abstieg: Von Reims nach Paris

Der *Sacre* von Reims war nicht das «Ende der Sendung», zweifellos aber deren Höhepunkt. Der Fahne des einfachen Bauernmädchens, das aus eigener Kraft zur bewunderten und beneideten Heerführerin geworden war, wurde bei der Krönung des Königs in Reims die erste Reverenz erwiesen. Jeanne elektrisierte die Anhänger der Orleans-Dynastie, und der Jubel des einfachen Volkes begleitete ihren Zug durch Frankreich. Was sich vorher abgezeichnet hatte, verstärkte sich noch nach dem *Sacre*: Viele Städte öffneten ihre Tore und schickten Sendboten. Der Feldzug wurde immer stärker zur Prozession, so eine zutreffende Bemerkung von Heinz Thomas.

Aber Jeannes Charisma wurde aufgezehrt in dem Maße, wie die «wunderbaren» Erfolge der Jungfrau wieder neue politische Konstellationen und Handlungsalternativen eröffneten. Aus dem Mythos wurde Politik.

Die auf Reims folgenden Ereignisse und Entwicklungen haben die Geschichtsschreibung von jeher polarisiert. Ist Jeanne d'Arc «verraten» worden? Oder hat sie ihren «Auftrag überschritten», ist sie hochmütig geworden und maßlos in ihren Forderungen? Es ist schwer, sich dieser Polarität im Urteil zu entziehen, gleichwohl ist es nicht unmöglich.

Zunächst gilt es zu akzeptieren, dass nicht von vornherein die gesamten militärischen und politischen Aktivitäten jener Zeit auf Jeanne d'Arc fokussiert werden können. Ihre wunderbaren Erfolge von Orleans bis Reims dürfen die Tatsache nicht verdecken, dass ihre Entsendung von Chinon aus nur hilfsweise geschehen war und dass politische und militärische Bemühungen schon vor ihrem Eintritt in das Geschehen im Gange waren. Und nicht zuletzt: Verhandlungen zwischen Burgund und Orleans waren ebenfalls bereits seit dem Herbst 1428 – also noch vor Jeannes Eintreffen beim König – angebahnt worden.

In diesem Zusammenhang ist auch an die Tatsache zu erinnern, dass die Burgunder ihre Truppen vor Orleans bereits abgezogen hatten, bevor Jeanne die Stadt entsetzte. Dies war ein Angebot an Charles VII zu Verhandlungen, welches von den Engländern scharf missbilligt wurde. Die Jeanne-Forschung hat diese Tatsache vielleicht zu wenig beachtet. Da zu all diesen Ereignissen und Bewegungen die Quellen nur dürftig Auskunft geben, sollte Zurückhaltung im Urteil – auch bei der Verurteilung der Gegner der Jungfrau! – angebracht sein: Schwarz-Weiß-Malerei und der Vorwurf des «Verrats» der Politiker führen letztendlich nur zu einer Entwertung der charismatischen Heldin. Es sei versucht, in aller gebotenen Kürze das echte Drama – mit tragischer Zuspitzung – nach dem Triumph von Reims darzustellen.

Bereits am Tage der Krönungszeremonie, am 17. Juli 1429, kam es zu Missstimmigkeiten zwischen Jeanne und ihrem König bzw. dessen politischen Beratern, insbesondere mit Georges La Trémouille, bezüglich des weiteren Umgangs mit Burgund. Wir wissen aus dem Bericht dreier Kaufleute aus dem Anjou, dass während der Feierlichkeiten auch eine Delegation des Burgunderfürsten Philippe in der Stadt weilte. Jeannes berühmtes Schreiben an den Burgunder vom 17. Juli (also noch am Krönungstag!)

war eine echte Herausforderung, in einer Tonart verfasst, die das starke Selbstbewusstsein der Siegerin von Orleans und Reims spiegelt sowie ihre tiefe Überzeugung zum Ausdruck bringt, dass der König nunmehr eine ganz neue Legitimität gewonnen habe. Sie fordert den Burgunder «im Namen des himmlischen Königs» auf, mit Charles einen «guten und festen» Frieden zu schließen mit gegenseitigem Verzeihen. Burgund dürfe nicht weiter Krieg führen «im heiligen Königreich Frankreich» und solle deshalb «unmittelbar und sofort» seine Truppen zurückziehen. Denn ein Krieg gegen das «heilige Königreich» sei ein Krieg gegen Jesus Christus. «Und ich bitte und fordere mit gefalteten Händen, dass Ihr keine Schlacht und keinen Krieg gegen uns unternehmt, Ihr, Eure Leute oder Untertanen. Und glaubt gewiss: Welche Zahl an Leuten Ihr auch immer gegen uns heranführen werdet, sie werden niemals gewinnen, und es wird ein großes Leid sein von der großen Schlacht und dem Blut, das von denen vergossen werden wird, die sich dort gegen uns stellen» (Q 5, S. 127).

Man darf davon ausgehen, dass Jeanne diesen Brief geschrieben hat, um den umlaufenden Gerüchten über mögliche Verhandlungen und Kompromisse zu begegnen. Friede sollte sein, aber nur als Ergebnis eines vollständigen Rückzugs von Burgund aus dem «heiligen Königreich Frankreich». Jeannes Kurs war klar und einfach: Nach Vollendung des *Sacre* wollte sie nach Paris ziehen und den Triumph vollenden. Welcher Weg hierzu allerdings der politisch sicherste und ertragreichste war, hing natürlich auch von den Konstellationen im Lager der Gegner, von deren Möglichkeiten und Absichten ab! In den folgenden Wochen sollten sich in dieser Hinsicht Schwierigkeiten und Kombinationsmöglichkeiten ergeben, die Jeanne nicht beachtete bzw. nicht wahrhaben wollte. Dazu zählt insbesondere die Tatsache, dass sie vom Burgunder quasi bedingungslosen Rückzug forderte, was indessen auch den Armagnacs nicht unbedingt als zwingend erschien.

Zunächst allerdings vollzog sich der Zug auf Paris von Reims aus ohne größere Zwischenfälle. Innerhalb von drei Tagen gelangte das königliche Heer von Reims über Corbéni/Saint-Marcoul – hier wurde die als Teil des *Sacre* noch vorgeschriebene

Skrofel-Heilung vorgenommen – bis nach Soissons. Dort wurde der König mit großen Festlichkeiten empfangen. Anschließend zog man aber nicht auf direktem Weg nach Paris, sondern in süd-östlicher Richtung auf Château-Thierry, das sich am 29. Juli 1429 nach kurzer Belagerung ergab. Die Einwohner verteidigten die Stadt nicht, obwohl sich einige der mit Burgund alliierten Edelleute mit ziemlich großer Mannschaft dort aufhielten. Die Belagerer ließen aber zu – wohl um künftige Verhandlungen nicht von vornherein zu blockieren –, dass diese Burgunder und ihre Soldaten sich aus der Stadt Richtung Paris absetzen konnten, wo der englische Regent Bedford inzwischen «eine große Menge von Bewaffneten versammelte, um damit gegen den König Karl und dessen Heer zu ziehen» (Monstrelet-Chronik, Q 5, S. 381). Ungefähr 10 000 Mann sollen nach derselben Quelle in Paris zusammengezogen worden sein, von denen ein Teil frisch aus England kam.

Das englische Heer, verstärkt durch Burgunder-Kontingente sowie Soldaten aus der Normandie u. a., zog auf Montereau, den wegen des Mordes von 1419 so emblematischen Ort der französischen Geschichte. Auf diesem Wege wollte Bedford auf das Heer von Charles VII treffen. Dieser zog indessen von Château-Thierry in südlicher Richtung über Montmirail und Provins; und von da aus westlich nach Nagis, ca. 30 km vor Montereau. Perceval hat dieses Abweichen vom Weg nach Paris damit begründet, dass der König gehofft habe, auf diesem Weg auf das englische Heer treffen zu können. «Aber sie [die Engländer] kamen nicht» (Q 4, S. 21).

Jeanne erfüllten diese taktischen Manöver mit großer Ungeduld. Zwar unterwarfen sich immer mehr Orte, aber es ging nicht wirklich voran. Am 5. August schrieb sie voller Zorn einen berühmten und heute noch erhaltenen Brief an die Bürger von Reims, in dem sie diesen zunächst versicherte, dass man immer auf ihre Hilfe zählen könne. Allerdings habe der König eine 14-tägige Waffenruhe mit Burgund vereinbart unter der Voraussetzung, dass die Stadt Paris nach Ablauf dieser Frist friedlich übergeben werde (wir haben über diese konkrete Vereinbarung keinen weiteren Beleg!). Man möge aber nicht erstaunt sein, wenn sie selber sich nicht an diese Vereinbarung halte, sie sei «mit solcher Art Waffenruhe» nicht einverstanden. Auch werde es den Burgundern nicht gelingen, den König zu täuschen, denn die Jungfrau werde die Armee zusammenhalten, um zum Kampf bereit zu sein, wenn die Burgunder nach Ablauf der 14 Tage keinen Frieden machten. Im Übrigen möge man ihr berichten, wenn sich zwischenzeitlich jemand der Stadt Reims bemächtigen wolle, sie werde dann so bald wie möglich zu Hilfe eilen.

Deutlicher kann nicht gesagt werden, wie stark sich die radikale Kriegspolitik von Jeanne d'Arc und ihres Begleiters Alençon von der mit Verhandlungsangeboten begleiteten Kriegführung des Königs und seiner Berater unterschied. Ich glaube allerdings, dass wir heute nicht mehr entscheiden müssen – und auch quellenmäßig nicht können! – wessen Kurs richtig bzw. politisch aussichtsreicher war.

Fest steht allerdings, dass Jeanne sich «verraten» fühlte, hatte sie doch bereits in Reims einem der dorthin geeilten Dorfbewohner von Domrémy gesagt, sie fürchte «nichts außer Verrat». Der englische Regent Bedford hat seinerseits offensichtlich genauso wenig wie Charles eine Entscheidung gesucht. Sein Zug nach Montereau und die folgenden Märsche bis hin zum Gegenüberstehen der beiden Heere bei Montépilloy waren wohl eher taktische Manöver, um ein direktes Vorgehen von Charles auf Paris zu verhindern. Tatsächlich befand sich das Heer der Engländer nahezu die ganze Zeit an der Flanke und im Rücken des königlichen Heeres.

Am 7. August schrieb Bedford von Montereau aus einen – in Monstrelets Chronik erhalten gebliebenen (Q 4, S. 382 ff.) – Schmähbrief an Charles, der an Schärfe und Prägnanz kaum zu übertreffen ist. Zunächst wies er dessen Anspruch zurück, König von Frankreich zu sein. Er habe die Macht usurpiert, indem er das einfache und gutgläubige Volk aufgewiegelt habe mit Hilfe einer «aus der Ordnung getretenen und schlecht beleumdeten» Frau, die in Männerkleidung und mit ausschweifendem Benehmen auftrete und noch dazu von einem abtrünnigen Bettelmönch – Richard! – begleitet werde. Beide seien gemäß der Heiligen Schrift von Gott verworfen. Somit habe Charles die geheiligten Verträge zwischen den englischen und französischen Königen gebrochen. Deshalb habe er, Bedford, mit Gottes Hilfe nunmehr Charles' Zug auf Paris «von Ort zu Ort» verfolgt, in der Hoffnung auf ein baldiges Aufeinandertreffen der Heere. Und noch einmal fordere er ihn auf, sich zu stellen, auch in Begleitung der schlecht beleumdeten Jungfrau und des Mönches und aller anderen Wortbrüchigen. Man werde im Übrigen dann sehen, ob Charles Verhandlungsangebote mache, denn wie alle «guten katholischen Fürsten» sei er, Bedford, als Stellvertreter des englischen Königs bereit, «zu allen guten Wegen eines nicht nur vorgespielten, verdorbenen, verletzten und verratenen Friedens» zu gelangen. Und Bedford erinnerte den König an Montereau, 1419, wo der Fürst Johann von Burgund mit Wissen von Charles «gegen das Gesetz und die Ehre des Rittertums» grausam ermordet worden sei, weshalb niemand dem Hause Orleans zur Treue verpflichtet sei. Dann aber folgte erneut ein leicht verschleiertes Verhandlungsangebot: Charles möge rasch und klar sagen, was er vorhabe zu tun, damit nicht noch größere Kriegsübel über das Land kämen. Er selber wolle den Weg zur Rückkehr zu «Vernunft und Recht» öffnen, indem man entweder vorab Frieden schließe oder aber «nach Fürstenrecht» einen Tag lang mit den Waffen kämpfe.

In diesem Brief, der ungeheuerliche Provokation und Friedensschalmei in einem ist, spiegelt sich augenscheinlich eine große Besorgnis, die Burgunder könnten aus der Allianz mit England austreten. Denn zweifellos hat der englische Regent zu diesem Zeitpunkt bereits gewusst, dass inzwischen sogar Regnault de Chartres, der Kanzler des Königs Charles VII, nach Arras aufgebrochen war, um dort mit den Burgundern zu verhandeln. Man legte sogar einen Katalog möglicher Angebote vor, der allerdings von Bedford verworfen wurde, wie Monstrelet berichtet.

Am 14./15. August kam es zu einem Aufeinandertreffen der beiden Heere bei Montépilloy, über das die wichtigen Chroniken ausführlich berichten. Nach Chartier waren auf beiden Seiten jeweils ca. 10000 bis 12000 Mann versammelt. Nach Monstrelet war das Königsheer entschieden größer als das englisch-burgundische, verstärkt mit Einheiten aus der Picardie, niemand habe einen Generalangriff gewagt. Auch Jeanne selber sei in ihrer Einschätzung der Situation sehr schwankend gewesen. So kam es nur zu Geplänkel und Finten, um den Gegner zur Auflösung seiner Front zu provozieren. Interessant, weil charakteristisch für die gesamte Stimmungslage aus nervöser Spannung, Frustration und Unentschiedenheit, ist der von Monstrelet bedauerte «große Hass» zwischen den beiden Heeren. So sei es dazu gekommen, dass keine Gefangenen gemacht wurden. Es gab «kein Mitleid und Erbarmen» mehr (Q 4, S. 389). 300 Tote habe es auf diese Art gegeben, ohne jeden taktischen Nutzen.

Bedford hatte auch Grund zu großer Unruhe, weil weitere Anzeichen für eine Schwächung der burgundischen Allianz auftauchten. Immer mehr Orte gingen zu Charles über, kulminierend wohl in der Übergabe der Stadt Compiègne an den König. Nachrichten, dass die Bürger von Compiègne ihm Gehorsam leisten wollten, erreichten den König kurz nach der Nicht-Schlacht von Montépilloy. Aus diesem Grund entschied er – zur großen Unzufriedenheit von Jeanne d'Arc – von Senlis aus nicht auf Paris zu ziehen, sondern sich Richtung Compiègne zu wenden. In Compiègne trafen dann auch die Botschafter ein, die der König nach Arras zu Verhandlungen mit dem Burgunderfürsten entsandt hatte. Sie konnten – wie Monstrelet berichtet – noch keine konkreten Angebote vorlegen, aber der König «wurde davon informiert, dass der größte Teil der hauptsächlichen Ratgeber des Fürsten von Burgund ein großes Bedürfnis hatte, dass selbige beiden Parteien miteinander versöhnt würden» (Q 4, S. 390). Andere Würdenträger indessen, die soeben von einer «Gesandtschaft» an den Hof Bedfords zurückkehrten, erklärten, der Regent bestehe darauf, dass der Burgunder den dem englischen König geleisteten Eid nicht breche. Aus diesem Grund wurden letztlich die Verhandlungen zwischen Charles VII und den Burgundern «vertagt», wie Monstrelet konstatiert.

Wenn man ohnehin den Verhandlungsweg als Alternative zum Krieg ansah, gab es gute Gründe, das von Jeanne verlangte ungestüme Vorpreschen unbedingt zu vermeiden. Die Anhänger Jeanne d'Arcs haben dagegen immer die Skepsis der Jungfrau gegenüber Verhandlungen damit verteidigt, dass ihre Stimmen ihr aufgetragen hatten, die Engländer zum Rückzug aus Frankreich zu zwingen. Die Entscheidung hierüber aber entzieht sich der Geschichtswissenschaft.

Jedenfalls war Jeanne – wie Perceval schreibt – «stark enttäuscht» darüber, dass der König in Compiègne verharrte. Denn es schien ihr, dass der König zu Unrecht «zu jener Stunde mit der Gnade zufrieden war, die Gott ihm bereits erwiesen hatte, ohne noch weiteres unternehmen zu wollen». Und deshalb brach sie mit Alençon, dessen Leuten und «anderen Hauptleuten» auf mit der Bemerkung: «Bei meinem Knüppel, ich will Paris von näher anschauen als ich es bisher gesehen habe» (Q 4, S. 24).

Drei Tage später, am 26. August 1429, traf die Pucelle mit ihrem Gefolge in Saint Denis ein, während der König sich nur zögerlich auf den Weg dorthin machte und zunächst in Senlis abwartete.

Die Belagerung von Paris stand somit unter denkbar schlechten Vorzeichen. Die militärische Einnahme der Stadt war nur mehr eine Option unter anderen. Jeanne war zwar sicherlich nicht über die konkreten (und komplexen) politischen Vereinbarungen informiert, aber sie wusste, dass sie bald handeln musste, wollte sie die Erstürmung noch durchsetzen. Nur durch diesen Entscheidungsdruck ist die Tatsache zu erklären, dass sie den Angriff am 8. September begann, einem hohen kirchlichen Feiertag – Mariä Geburt – obwohl sie wissen musste, dass es ein schweres Vergehen war, an einem solchen Tag Krieg zu führen. Noch vor Orleans hatte sich Jeanne strikt an dieses Gebot gehalten.

Über den gescheiterten Angriff auf Paris – der ersten Niederlage der Jungfrau – besitzen wir vor allem drei Quellen aus «Pariser» bzw. anglo-burgundischer Sicht, nämlich den anonymen *bourgeois,* Monstrelet und den Stadtschreiber von Paris, Clément de Fauquemberque. Letzterer hat aus direkter Anschauung eine plastische und glaubwürdige Beschreibung gegeben; die ebenso pointierte wie scharfsinnige Schilderung des *bourgeois* hingegen hat wohl einiges frei erfunden.

Zunächst ist die Tatsache von Bedeutung, dass die Pariser durch die Verzögerung des Vormarsches genügend Zeit hatten, die Stadt in Verteidigungsbereitschaft zu bringen. Paris hatte damals bereits ca. 200 000 Einwohner. Und trotz vorherigen Abzuges eines starken Kontingents englischer Truppen zum Schutz der Normandie waren noch mehr als 3000 Soldaten unter englischen und burgundischen Hauptleuten verblieben. Angesichts des drohenden Angriffs wurden von den Bürgern der Stadt Verteidigungssteuern erhoben und eine Menge Waffen und Munition hergestellt, z. B. mehr als 1000 Steingeschosse für die Kanonen, die *bombardes*. Ebenso wichtig war, dass die Stadtbürger regelrecht auf die Verteidigung eingeschworen wurden, weil die Stadtoberen eventuelle Paniken des Volkes angesichts des Herannahens der bislang immer so erfolgreichen «Hexe» Jeanne befürchteten. Davor hatte man sogar noch mehr Angst als vor den militärischen Fähigkeiten der Belagerer, so die Einschätzung des *bourgeois*. Tatsächlich hat es im Vorfeld des Angriffs auch psychologische Kriegführung gegeben: Der *bourgeois* berichtet von Sendschreiben Alençons, mit denen die Angreifer versucht hätten, die Bevölkerung gegen ihre Magistrate aufzuhetzen. Solche Einschüchterungsversuche hätten allerdings keinen Erfolg gehabt.

Als der Angriff schließlich um die Mittagszeit des 8. September (genau zur Zeit des Hochamtes in Notre Dame, wie der *bourgeois* empört schreibt) begann, herrschte tatsächlich riesige Erregung in der Stadt. Das Volk strömte in Panik aus den Kirchen und glaubte, dass alles verloren sei. Das Gerücht lief um, die Stadt sei von den Belagerern zur Plünderung freigegeben worden. Aber die Stadtbürger ließen sich im Unterschied zum gemeinen Volk keine Angst einjagen, sondern hielten auf den Stadtmauern aus, so dass der Plan der Pucelle – wie der *greffier* meint – die Stadt durch die Erregung von Panik sturmreif zu machen, scheiterte. Waffentechnisch hingegen war nach seiner Meinung die Belagerung kein Problem: Auch bei viermal so viel Kriegsleuten hätten die Angreifer nicht gesiegt, zumal man im Unterschied zu den Belagerern über große Vorräte verfügte (Q 4, S. 454 ff.).

Tatsächlich wurde die Stadt zunächst an der Porte Saint Honoré beschossen, und es konnte ein Schutzwall vor diesem Festungstor eingenommen werden, wobei es eine Menge Verletzte gab. Währenddessen warteten Alençon und andere Ritter mit ihren Leuten an der Porte Saint Denis auf einen Ausfall der Belagerten, um dann eindringen zu können. Aber die Verteidiger ließen sich nicht dazu provozieren. Jeanne versuchte inzwischen, den zweiten Verteidigungsgraben mit Strauchwerk und Holzlatten anzufüllen, aber das war wegen der außergewöhnlichen Tiefe des Grabens unmöglich. Bei diesen Vorbereitungen zum Sturm wurde sie durch einen Pfeil am Bein verletzt und dann, bei einbrechender Dunkelheit, von ihren Begleitern zum Lager von La Chapelle zurückgebracht.

Perceval de Cagny hat eine ganz ähnliche Beschreibung des Sturmes auf Paris gegeben (Q 4, S. 25 ff.), mit dem Zusatz, dass Jeanne mit diesem Rückzug keineswegs einverstanden war. «Bei meinem Knüppel, wir hätten die Stadt eingenommen!» soll sie gerufen haben. Das «Journal du Siège» wiederum hat ebenfalls einige Jahre nach den Ereignissen festgehalten: «... später haben einige gesagt», dass Paris bei eventuellen weiteren Angriffen hätte genommen werden können, denn viele «bedeutende Persönlichkeiten» der Stadt seien des Regimes der Engländer überdrüssig gewesen. Aber der König, der keinerlei Übergabe-Absichten der Pariser ausmachen konnte, habe nach langwierigen Beratungen in Saint Denis den Angriff abgebrochen, das Geld habe nicht gereicht für einen längeren Unterhalt einer so großen Armee.

Der *bourgeois* aus Paris, äußerst feindselig gegenüber dieser mordlustigen «Kreatur, die man Jungfrau nannte», konstatierte lakonisch, dass man halt nur durch Schaden klug werde. Als bösen Höhepunkt dieser «Verschwörung» gegen Paris aber empfand er die Tatsache, dass dieser so unerbittliche Kampf mit vielen Toten und Verwundeten freventlich am Feiertag der Geburt Mariä angefangen worden sei. Das habe für die Angreifer nicht gut ausgehen können.

Paris – Compiègne: Niederlage und Gefangennahme

Die Belagerung von Paris musste abgebrochen werden. Für Jeanne d'Arc war dies der erste große Rückschlag. Sie hatte fest an ihre göttliche Sendung geglaubt und auf ihren Elan vertraut, alle mitreißen zu können. Aber seit dem *Sacre* von Reims hatte sie erkennen müssen, dass der Krieg von den streitenden Parteien nicht unbedingt als göttlicher Auftrag, sondern als durchaus politische Aktion aufgefasst wurde. Krieg war zu jener Zeit der dynastischen Fehden in erster Linie die «Fortsetzung der Politik mit anderen Mitteln». Die Ideologie nationaler Befreiungskriege im göttlichen Auftrag stand hingegen damals gerade erst am Anfang ihrer später so weitreichenden Karriere. Deshalb geht die in der Jeanne-Literatur weithin übliche Schwarzweiß-Malerei fehl: Aus der Tatsache, dass die *Pucelle* von der Entwicklung der Dinge stark enttäuscht war und dass auch ihre Anhänger ihre Verbitterung äußerten, lässt sich keinesfalls schließen, dass die Jungfrau tatsächlich hintergangen oder verraten worden ist. Eine solche Annahme erlauben auch die wenigen Quellen jener Ereignisse nicht, die seit nunmehr 150 Jahren je nach «Erkenntnisinteressen» hin und her interpretiert werden. Nur ein Beispiel: Wie wörtlich ist die zornige Meinungsäußerung eines Perceval de Cagny, dass die Missgunst des Königs und seiner Entourage den Elan der Jungfrau gebrochen hätte, zu nehmen? Die Bandbreite der Historikerantworten auf diese Fragen ist charakteristischerweise sehr groß.

Die Enttäuschung der Jungfrau über den Abbruch der Belagerung von Paris war stark. Aber es ist nicht ersichtlich, dass sie deshalb mit dem König und seinen Beratern gebrochen hätte. Sie wurde auch nicht auf «Nebenkriegsschauplätze» abgeschoben, wie von ihren Anhängern immer wieder behauptet worden ist, sondern blieb bis zum Ende des Jahres 1429 im Zentrum der politisch-militärischen Aktivitäten.

Am 13. September 1429, dem Tag, an dem Jeanne zum Zeichen des Endes der Belagerung von Paris symbolisch ihren Harnisch in der Krönungskirche von Saint Denis ablegte, wurden die «guten Städte» der Valois-Obedienz durch die königliche Kanzlei von den vorgängigen Friedensbemühungen des Königs informiert. Man habe eine Reihe von befestigten Städten und Festungen unterworfen, «um für unser Königreich und auch zwischen uns und unserem Vetter von Burgund den Frieden zu erlangen». Man habe deshalb auch vielerlei Beratungen abgehalten und als ersten Schritt zum Frieden einen Waffenstillstand bis Weihnachten dieses Jahres 1429 beschlossen. Man werde die königlichen Truppen auf das Gebiet südlich der Seine zurücknehmen, auch, um die Städte von der ruinösen Präsenz der Soldaten zu entlasten. Allerdings sollten Vertreter des Königs während dessen Abwesenheit über die Sicherheit des Valois-Territoriums nördlich der Seine wachen.

Was hier in etwas verklausulierter Form angedeutet wurde, war eine Woche später offiziell: Am 21. September 1429 kehrte der König nach Gien an der Loire zurück. Das «Königsheer» wurde aufgelöst. Über die Ereignisse der folgenden Monate – bis zum Februar/März 1430 – sind wir nur unzureichend informiert. Fest steht, dass Jeanne zunächst in der Stadt Bourges einquartiert wurde und dass es im Oktober 1429 zu weiteren diplomatischen Verhandlungen zwischen dem König, den Burgundern sowie jetzt auch noch den Engländern kam. Ob es sich dabei um gezielte und erfolgreiche Täuschungsmanöver der Engländer und Burgunder gehandelt hat, wie so oft behauptet, ist quellenmäßig nicht hinreichend dicht belegt. Fest steht, dass der Waffenstillstand mit Burgund trotz aller weiterhin vorkommenden Scharmützel nicht gebrochen wurde und dass Charles sich darauf beschränkte – beschränken musste? – die Engländer an einigen strategisch interessanten Punkten weiter zurückzudrängen, um auf diese Weise weiter Druck auf Burgund auszuüben, die englische Option fallenzulassen und sich mit ihm zu einigen.

Nach Aulons Bericht im Rehabilitationsprozess – der einzigen Quelle! – wurde aus diesem Grunde ein kleines neues Königsheer im Bourges aufgestellt, dem sich die Jungfrau und ihre Getreuen anschlossen. Aufgabe dieses Heeres war es, den Engländern die Städte La Charité sur Loire und St. Pierre le Moûtier abzunehmen, deren Lage im Rücken des Königsheeres als sehr störend empfunden wurde. La Charité wurde von einem der mächtigsten Kriegsunternehmer jener Zeit, Perrinet Gressart, beherrscht. Gressart und seine ansehnliche Armee wurden von Bedford unterhalten, was eigenständige Kriegspolitik des aus eigenen Gnaden mit Adelsinsignien versehenen Söldnerführers nicht ausschloss. Er hatte sogar den wichtigsten Berater des Königs La Tremouille gefangengenommen und erst nach Zahlung eines hohen Lösegeldes wieder ziehen lassen. Zur Zeit der Königskrönung von Reims und des Kampfes um Paris war er mit den Burgundern stark verfeindet, weshalb er ohne Verletzung des Waffenstillstands angegriffen werden konnte.

St. Pierre le Moûtier fiel nach erbittertem Widerstand im November 1429. Und obgleich Jeanne bei diesen Angriffen keineswegs von ihren himmlischen Stimmen geleitet wurde (so sagte sie im Verdammungsprozess auf Nachfrage aus), warf sie sich auch diesmal mit Elan in den Kampf. Nach dem Bericht von Aulon habe man sich schon zurückziehen wollen. Jeanne aber, die nur von wenigen Männern begleitet war, habe mit der Behauptung, «50 000 Mann hinter sich zu haben», zum Angriff gerufen und diesen ähnlich wie vor Orleans sehr erfolgreich abgewickelt. Aulon hat diese Erinnerung nicht weiter kommentiert, und angesichts fehlender Parallelquellen wäre es vermessen, aus diesen Ausführungen auf psychische Instabilität oder «Verrücktheit» Jeannes zu schließen, wie immer wieder versucht worden ist. Vielleicht war es ja auch eine burleske Satire angesichts der höchstens 500 Mann, die tatsächlich in ihrem Umfeld mitkämpften, oder eine Metapher für die große Siegeskraft, die sie trotz aller Enttäuschung noch in sich spürte. Man sollte aus isolierten Quellenbelegen keine allgemeinen Urteile ziehen wollen, nur so sind interessengeleitete oder emotionale Kurzschlüsse zu vermeiden, wie sie gerade in der Jeanne d'Arc-Forschung häufig vorkommen.

Nach dem am 4. November endlich errungenen Erfolg bei St. Pierre le Moûtier zog das kleine königliche Heer weiter nach La Charité sur Loire, wobei man die Loire bei Nevers überschritt. Am 9. November wandte sich Jeanne d'Arc von Moulins aus in einem ihrer berühmt gewordenen Briefe an die Bürger der Stadt Riom mit der dringenden Bitte, Kriegsgerät aller Art zur Verfügung zu stellen, denn es sei ihre Absicht, «mit Gottes Hilfe auch die anderen Festungen, die dem König Widerstand leisten, einzunehmen.» Alle Bürger, die auf «Wohl und Ehre des Königs» bedacht seien, sollten sich verpflichtet fühlen, durch Stellung von Kriegsmaterial «uns bei dieser Belagerung zu helfen».

Ab Mitte November wurde La Charité dann kriegsmäßig belagert, und noch weitere Städte wurden um Hilfestellung gebeten. Überliefert ist der Beschluss der Stadtversammlung von Bourges vom 24. November, für diese Belagerung 13 000 Goldtaler zur Verfügung zu stellen, «um ihre Leute zu unterhalten, sonst müssten sie [Jeanne d'Arc] und ihre besagten Leute von der besagten Stadt abziehen und die besagte Belagerung aufheben» (Q 5, S. 356). Trotz solcher Hilfeleistungen musste schließlich die Belagerung kurz vor Weihnachten abgebrochen werden.

Ebenfalls gegen Ende des Jahres 1429 wurde Jeanne mit allen Mitgliedern ihrer Familie – auch der weiblichen Linie – in den erblichen Adelsstand erhoben. Dieser Akt hat angesichts der deprimierenden Umstände, unter denen er erfolgte, zu den verschiedenartigsten Folgerungen geführt: Cordier hat daraus geschlossen, dass offensichtlich kein Dissens zwischen Jeanne und dem König bestand; Regine Pernoud und andere hingegen erklären die Nobilitierung zum Trostpflaster für eine im Grunde bereits abgemeldete («verratene») Heldin; Heinz Thomas wiederum geht von ungebrochenem Vertrauen des Königs in die Jungfrau trotz der Niederlagen aus; schließlich hat Henri Wallon, der Begründer einer modernen katholischen Historiographie, bereits 1870 darauf hingewiesen, dass Jeanne von diesem außergewöhnlichen Akt der Dankbarkeit offensichtlich unberührt geblieben ist; sie habe diese Nobilitierung nicht wahrgenommen oder nicht wahrnehmen wollen. Während ihres Prozesses hat sie auf Befragen der Richter geantwortet, dass sie niemals ein Adelswappen und andere Insignien getragen, niemals ihren Harnisch mit dem Lilienwappen geschmückt habe.

Der Beginn des Jahres 1430 liegt, was Jeanne d'Arc angeht, im Dunkeln. Wir wissen, dass sie sich im Januar in Orleans aufhielt; vermutlich war sie bereits im Februar gemeinsam mit dem König in Sully sur Loire, wo sie im März 1430 starke Präsenz zeigte. Inzwischen war deutlich geworden, dass Philippe von Burgund keineswegs gewillt war, den Waffenstillstand tatsächlich einzuhalten. Bereits im Januar 1430 stiftete er im Rahmen seiner mit großem Pomp begangenen Hochzeit mit Isabel von Portugal einen neuen Orden (Toison d'Or in Anspielung auf die mythische Tafelrunde des Königs Artus) zur Sammlung des burgundischen Adels. Und Mitte Februar wurden die in den vorhergehenden Jahren problematischen Beziehungen zu England demonstrativ aufgefrischt. Bedford übereignete dem Burgunder einige Territorien, insbesondere den Zugriff auf die zu Valois gehörende Grafschaft Champagne. Philippe sollte zudem von England Geld für die Bezahlung von 1500 Söldnern erhalten. Auf diese Weise wäre das burgundische Territorium entscheidend arrondiert worden. Wenngleich der alte Waffenstillstand zwischen Burgund und Valois noch einmal formell verlängert wurde, war somit klar, dass eine kriegerische Entscheidung unmittelbar bevorstand. Philippe hatte überdies schon mit der Befestigung der Städte Roye und Montdidier begonnen und ließ bereits Spähtrupps in die Champagne eindringen.

Es versteht sich, dass diese Truppenbewegungen und die offenen Bemühungen um eine Erneuerung der alten englisch-burgundischen Allianz die Anhänger der Valois stark beunruhigten. Unter anderem richteten die Bürger der Stadt Reims Mitte März ein dringendes Hilfeersuchen an den König sowie an Jeanne. Diese antwortete ihnen am 16. März 1430 mit aufmunternden Worten und vagen Versprechungen: Falls es eine Belagerung geben sollte, solle man die Tore fest verschlossen lassen. Sie werde dann bald selber vor Reims erscheinen und die Feinde verjagen. «Mehr schreibe ich Euch jetzt nicht, aber bleibt immer gut und treu» (Q 5, S. 160).

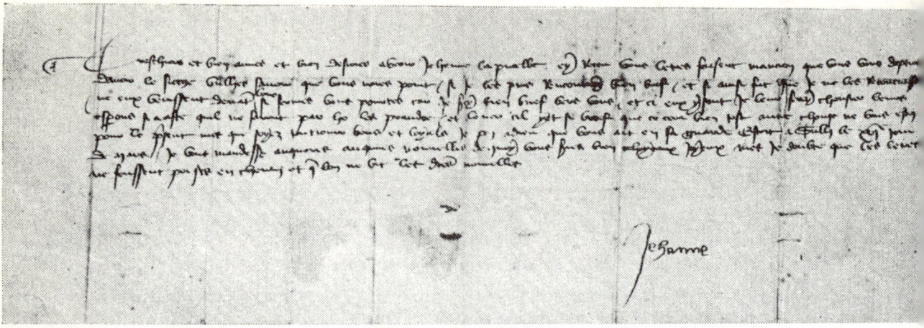
Jehanne

Abb. 6: Jeanne d'Arcs Brief an die Bürger von Reims 16.3.1430 (Kanzleischrift mit Jeannes eigenhändiger Unterschrift)

Auch ein wenige Tage später abgesandtes Schreiben des Königs an die Reimser war ebenso vielversprechend wie vage gehalten. So ungenügend waren diese Versicherungen angesichts der äußerst gespannten Lage, dass Jeanne wenige Tage später, am 28. März, erneut einen Brief an die Bürger von Reims diktierte, in welchem sie Verständnis für deren Panik angesichts der Eroberungsgelüste der «verräterischen burgundischen Feinde» zeigte. Aber man möge sich bewaffnen und den Mut nicht verlieren, denn es sei Hilfe im Anmarsch: 3000 Krieger würden bald aus der Bretagne zur Entsetzung von Reims eintreffen.

Wenn es zutrifft – wie behauptet wird –, dass dieses Schreiben in der königlichen Kanzlei abgefasst wurde, so ist die Formulierung «unsere burgundischen Feinde» umso interessanter. Denn bislang war es Jeanne gewesen, die stets die Feindschaft mit Burgund betont und die Überzeugung geäußert hatte, dass eine Einigung nur «mit der Lanzenspitze» erreichbar sei, während der Hof stark auf die Möglichkeit gesetzt hatte, durch Verhandlungen mit dem Burgunder dessen Einvernehmen mit den Engländern zu stören. Aus diesem Grunde war ja auch der Waffenstillstand vom September 1429 erfolgt, der – wie erwähnt – bis Anfang Mai erneuert wurde.

Ende März/Anfang April 1430 scheint es in der Frage, ob man weiter abwarten oder aber den Krieg gegen Burgund und England neu aufnehmen sollte, zu einem schwerwiegenden

Dissens zwischen Jeanne und dem König bzw. dessen engsten politischen Beratern La Tremouille und Regnault de Chartres gekommen zu sein. Die Wahrscheinlichkeit ist groß, dass Jeanne, die ja ohnehin überzeugt war, dass der Frieden nur durch Kampf erreicht werden könne, nunmehr des Abwartens überdrüssig war und deshalb den Hof verließ. Anlaß zu ihrem Aufbruch können auch die Unruhen gewesen sein, zu denen es Anfang April in Paris kam. Dort hatte es eine größere Verschwörung von Stadtbürgern gegen die Paris kontrollierenden Burgunder gegeben; eine Verschwörung, die aufgedeckt und blutig unterdrückt wurde, aber weithin bekannt war. Perceval de Cagnys Behauptung, Jeanne habe den königlichen Hof unter Vorwänden verlassen, ohne den hierfür zwingend notwendigen «Urlaub» vom König erhalten zu haben, ist wohl übertrieben. Sicher aber ist, dass es tatsächlich zu einem Zerwürfnis kam. Als Charles nämlich Ende April 1430 den um Entsatz flehenden Reimser Bürgern wiederum ein vages Hilfsversprechen machte, war nicht mehr von Jeanne die Rede, sondern vom Maréchal de Boussac, den er bald schicken werde.

Nach Verlassen des Hofes zog Jeanne mit einer kleinen Truppe von wohl 500 Mann, begleitet auch von einigen Getreuen wie Aulon, nördlich der Seine in die Gegend, wo die Übergriffe der burgundischen und englischen Truppen am eklatantesten waren. In der Osterwoche, um den 22. April 1430, zog sie in Melun ein, einer Stadt, die gerade ihre anglo-burgundische Besetzung vertrieben hatte. Wenig später eilte sie den Bürgern von Lagny zu Hilfe, die, wie Jeanne im Verdammungsprozess ausgesagt hat, gegen die Engländer und Burgunder «einen guten Krieg führten».

Noch hatte die Jungfrau ihr Charisma beim Volk nicht eingebüßt, wie die berühmte Episode des «Kindes von Lagny» zeigt. Auch diese wurde im Verdammungsprozess als Beweis der Zauberkünste Jeanne d'Arcs herangezogen: Als sie sich im April in Lagny aufhielt, brachte man ihr ein lebloses Neugeborenes, das – so Jeanne in ihrer Prozessaussage – «schwarz wie mein Rock war». Gemeinsam mit den Frauen des Ortes betete sie für das Kind, und plötzlich begann es, Lebenszeichen von sich zu geben, weshalb es getauft werden und dann in Gott sterben konnte. Noch im Heiligsprechungsprozess Ende des 19. Jahrhunderts hat das «Kind von Lagny» als Beweis für die Wundertätigkeit der Jungfrau eine wichtige Rolle gespielt.

Diese Periode der militärischen Streifzüge zur Ermutigung bzw. Entsetzung «guter Städte», welche Jeanne wohl «auf eigene Gefahr» (so Régine Pernoud) mit Erlaubnis, nicht aber mit tatkräftiger Unterstützung des Königs unternahm, endete abrupt mit der Gefangennahme der Jungfrau in Compiègne, am 23. Mai 1430. Am 14. Mai war sie in diese königstreue Stadt eingezogen, die wegen ihrer strategischen Bedeutung als Straßenknotenpunkt besonders stark von englischen Angriffen bedroht war. Sie versuchte nunmehr, mit ihrer kleinen Truppe und bewaffneten Stadtbürgern den umliegenden Orten zu Hilfe zu kommen. Offensichtlich geschah dies mit Zustimmung des Kanzlers Regnault de Chartres, der zu jenem Zeitpunkt in Compiègne weilte, was darauf schließen lässt, dass es zu einem wirklichen Bruch mit dem königlichen Hof trotz aller Streitigkeiten nicht gekommen war. Am 23. Mai wurde Jeanne dann bei einem neuerlichen Ausfall aus der Stadt von Truppen des Jean de Luxembourg der Rückzug in die Stadt abgeschnitten. Nach heftigem Kampf wurde sie vom Pferd gerissen und vom Bâtard de Wandomme, einem Untergebenen des Fürsten von Luxemburg, gefangen genommen. Die bis heute tradierte Geschichte, dass der Stadtkommandant von Compiègne, Guillaume de Flavy, vorzeitig die Zugbrücke der Stadt hochziehen ließ und somit Jeannes Rückkehr in die Stadt bewusst verhinderte, ist Teil der Martyrologie der Jungfrau, wird aber von den Quellen nicht gestützt.

Noch am Abend des 23. Mai sandte der Burgunderfürst Philippe einen Brief an die Bewohner der Stadt St. Quentin, in welchem er die sensationelle – und offensichtlich als entscheidende Kriegswende begriffene – Gefangennahme triumphierend mitteilte: Gott der Herr habe ihm die Gnade erwiesen, dieser Frau, «die man Pucelle nennt», habhaft zu werden. Deshalb würden bald alle erkennen, welcher «Irrtum und verrückte Aberglauben» deren Anhänger ergriffen habe. Man möge sich also freuen und Gott für seine Gnade danken (Q 5, S. 166 f.). Der burgundische Chronist Monstrelet, der bei der Gefangennahme der Jungfrau nach eigener Aussage persönlich zugegen war, hat die Freude und Erleichterung der Gegner Jeanne d'Arcs lakonisch folgendermaßen beschrieben: Burgunder und Engländer hätten sich mehr über diesen Fang gefreut als über die Gefangennahme von 500 Soldaten. Denn keinen anderen *capitaine* oder Kriegsherrn hätten sie «bis zum heutigen Tag mehr gefürchtet als selbige Pucelle» (Q 4, S. 402).

Die Anhänger der Jungfrau fanden sich offensichtlich rasch mit der Gefangennahme ab. Anscheinend wurde die Niederlage von Compiègne als Gottesurteil aufgefaßt. So wie der Herr die Jungfrau zu herrlichen Taten geführt hatte, so hatte er sie fallen lassen. Die zeitgenössischen Quellen geben hierzu zwar keinen direkten Beleg, aber es sind keinerlei Aktivitäten überliefert – weder seitens der Stadtbürger (etwa von Reims), noch seitens des königlichen Hofes –, Jeanne aus ihrer Gefangenschaft zu befreien oder sie loszukaufen, wie Engländer und Burgunder befürchtet hatten. Die in der Historiographie des 19. Jahrhunderts so nachdrücklich vertretene These, dass Jeanne vom «König verraten» worden sei, hat sich besonders auf diese Tatsache gestützt. Bemühungen verschiedener Autoren, das offensichtliche Desinteresse des Königs am weiteren Schicksal der Jungfrau zu erklären bzw. wegzudiskutieren, sind nicht wirklich überzeugend.

Tatsache ist, dass Charles VII in seiner gesamten Korrespondenz mit Reims und anderen Städten in den folgenden Jahren Jeanne d'Arc und ihr Schicksal mit keinem einzigen Wort erwähnte. Tatsache ist auch, dass der Kanzler Regnault de Chartres später den Bürgern von Reims einen Brief schrieb, in dem er die Gefangennahme der Jungfrau mitteilte und gleichzeitig sein Missfallen darüber zum Ausdruck brachte, dass Jeanne «keinem Ratschlag gefolgt und alles nur nach ihrem Gefallen unternommen» habe. Auch sei sie «hochmütig» geworden (Q 5, S. 168 f.). Die lange schwelenden Vorbehalte des Hofes und der Adeligen gegen das Mädchen aus dem Volk brachen nach der Gefangennahme unverhüllt auf. Ihr Misserfolg aber wurde keineswegs als Niederlage der Orleans-Dynastie angesehen, sondern als persönliches Scheitern einer wohl vielleicht doch nicht wirklich gottgesandten Kriegerin.

Die Gefangennahme der gefürchteten Kriegsheldin bewirkte sofortige Aktivitäten sowohl der Pariser Universität und des Burgunderfürsten als auch des englischen Königs. Die Universität Paris forderte sowohl den Luxemburger als auch Burgund auf, ihr die Gefangene zu überstellen. Beide waren aber vorerst noch keineswegs willens, dieser Forderung nachzukommen, sie erhofften vermutlich ein hohes Lösegeld. Die Gefangene wurde in der Burg von Beaulieu, einen von Wandomme verwalteten Besitz des Luxemburgers in der näheren Umgebung der Stadt Nangis, festgesetzt, wo sie einen ersten Fluchtversuch unternahm. Am 11. Juli wurde sie in die Burg von Beaurevoir gebracht, wo sie ungefähr vier Monate verblieb. Von der «dame de Luxemburg», der Mutter des Herzogs, wurde sie gut behandelt; und diese versuchte auch – so sagte Jeanne im Prozess aus –, ihre Auslieferung zu verhindern. Anscheinend gab es tatsächlich langwierige Verhandlungen sowohl mit den Inquisitionsbehörden in Paris als auch mit dem englischen Regenten Bedford. Bei diesen Verhandlungen tat sich als Vermittler der Bischof von Beauvais, Pierre Cauchon, hervor, der wenige Monate später zum Vorsitzenden des Inquisitionsprozesses von Rouen und zum Richter der Jungfrau ernannt wurde.

Cauchon war einer der prominentesten Geistlichen des anglo-burgundischen Lagers. Der renommierte Kirchenrechtler und ehemalige Rektor der Universität Paris war 1413 von den Armagnacs vertrieben worden; anschließend war er als Abgesandter des Burgunderfürsten zum Konstanzer Konzil gereist. Er hatte auch an der Ausarbeitung des Vertrages von Troyes mitgewirkt, in dem die «Doppelmonarchie» englischer Observanz und die Entmachtung des Dauphin Charles festgelegt worden war. Cauchon wurde schließlich Bischof von Beauvais. Als die Bewohner dieser Stadt während des «Krönungszuges» des Dauphin Charles nach Reims diesem und der Jungfrau die Tore öffneten, floh Cauchon nach Rouen, eine fest in englischer Hand befindliche Stadt, wo er als Ratgeber des englischen Königs fungierte.

Cauchon bemühte sich energisch um die Auslieferung der Gefangenen. Nach einer erhalten gebliebenen Spesenrechnung war er in dieser Angelegenheit insgesamt 153 Tage unterwegs. Am 14. Juli bot Bedford schließlich über Cauchon als Vermittler dem Luxemburger bis zu 10 000 Francs für die Überlassung der Gefangenen. Diese Summe wurde als Teilbetrag einer von den Ständen der Normandie zu entrichtenden Kriegssteuer deklariert. Als Jeanne von diesem Angebot erfuhr, versuchte sie, mit einem Sprung aus dem Burgturm von Beaurevoir zu entkommen, wobei sie sich ziemlich stark verletzte. Als man ihr im Prozess Selbstmordabsicht vorwarf, erwiderte sie, ihre Heiligen hätten sie für ihr Verhalten heftig getadelt. Aber sie habe den Tod riskiert, um sich zu befreien. Denn sie habe lieber sterben wollen «als in die Hand der Engländer» zu fallen.

Gegen Ende Oktober 1430 war das Lösegeld aufgebracht, so dass nunmehr die Überführung nach Rouen erfolgen konnte. Am 21. November bat die Universität Paris den König von England, Jeanne d'Arc der kirchlichen Justiz zu überlassen, was am 3. Januar 1431 auch geschah. Dies allerdings mit der Maßgabe, dass die Gefangene, sollte sie nicht wegen Ketzerei verurteilt werden, dem englischen König wieder rücküberstellt werden müsse.

Der Inquisitionsprozess von Rouen

Der berühmteste Teil der Geschichte der Jungfrau von Orleans ist der Inquisitionsprozess, dem sie von Februar 1431 an unterworfen war und der mit ihrer Verdammung und dem Tod auf dem Scheiterhaufen am 30. Mai 1431 endete. Von François Villons melancholischer Erinnerung an «Jeanne, die gute Lothringerin, die die Engländer in Rouen verbrannten» über Bertold Brechts «Der Prozess der Jeanne d'Arc in Rouen 1431» bis hin zur luziden «Saint Joan» von George Bernhard Shaw: Immer wieder hat der Prozess und der Tod der Jungfrau die europäische Literatur inspiriert. Das wichtigste Monument dieser künstlerischen Aneignung ist wohl Dreyers Stummfilm aus dem Jahre 1928 geblieben, in welchem die Entschiedenheit, die Gläubigkeit, der Mut und die Verzweiflung der gepeinigten Jungfrau apodiktisch gegen die Kälte und Vernichtungswut ihrer geistlichen und weltlichen Verfolger gestellt werden. Dieser Spannung unterliegt auch die Historiographie, die sich seit dem Beginn wissenschaftlicher Forschung über Jeanne d'Arc im 19. Jahrhundert polarisiert. Gegen die «Johannisten», die – wie Régine Pernoud – den Verdammungsprozess für einen politischen Schauprozess halten und den Richtern jegliches Bemühen um Wahrheit und Gerechtigkeit absprechen, stehen diejenigen, die – wie zuletzt Colette Beaune – auch den Richtern der Jungfrau Gerechtigkeit zukommen lassen wollen und ihnen *bona fides* zubilligen. Tatsächlich muss auch in diesem Fall eine um historische Tiefenschärfe bemühte Darstellung versuchen, abgewogen zu urteilen. Das heißt im konkreten Fall: Obwohl Jeannes Auftreten vor Gericht, ihre Gradlinigkeit, ihre verblüffende Klugheit, ihre überwältigende Glaubenssicherheit, Schlagfertigkeit und auch ihr immenser Stolz jeden Leser faszinieren, sind auch die Bedenken und Fragen, der Zorn und die Abscheu ihrer geistlichen Richter ernst zu nehmen. Im Einzelnen kann dies zu schwierigen theologischen Distinktionen führen, etwa bei der Beurteilung der Frage, ob und inwieweit es nach damaliger theologischer Auffassung einer Frau tatsächlich erlaubt war, Männerkleidung zu tragen oder sogar in Männerkleidung die heilige Kommunion zu empfangen. War das Todsünde oder beispielsweise im Krieg auch erlaubt? Über diese Fragen haben indes bereits Theologen im 15. Jahrhundert gestritten, und es ist sicherlich nicht die Aufgabe der Geschichtswissenschaft, sich nachträglich in diesen Streit einzumischen bzw. zu richten. Ich will deshalb im Folgenden versuchen, soweit mir möglich, beiden Seiten gerecht zu werden.

Der Prozess von Rouen war sowohl ein politischer als auch ein Glaubensprozess, und es wäre ganz unangemessen, beide Aspekte getrennt voneinander zu betrachten. Er war insofern ein politischer Prozess, als die Engländer und die mit ihnen kooperierenden französischen Kleriker (das waren in erster Linie der Bischof von Beauvais, Pierre Cauchon, und die Universität von Paris) zu beweisen suchten, dass die Erfolge der Jungfrau durch Teufelei zustande gekommen waren und keineswegs auf Gottes Unterstützung der Politik des Königs Charles VII hindeuteten. Die Diskreditierung des *Sacre* und der Erfolge der Armagnacs gegen Engländer und Burgunder war eine ganz wesentliche Nebenabsicht dieses Prozesses. Aber eben aus diesen Annahmen heraus gewann der Prozess auch theologische Brisanz. Man kann seine Intensität nur verstehen, wenn man bedenkt, wie sehr sich die damalige offizielle Kirche von Häresie bedroht fühlte und wie stark sie bemüht war, ihre Autorität und Glaubensdoktrin hermetisch gegen tatsächliche und vermeintliche Angriffe zu schützen. Häresie, sagt Colette Beaune zutreffend, war zu der damaligen Zeit eine Art Phantasmagorie der offiziellen kirchlichen Stellen: Jeannes «Richter hatten Angst».

Diese Ängste und Befürchtungen kommen in den offiziellen Schreiben der kirchlichen Behörden von Rouen zur Einsetzung des Gerichts ebenso zum Ausdruck wie in den Auslieferungsforderungen der Universität Paris und – nicht zuletzt – in dem offiziellen Auftrag, mit dem der englische König am 3. Januar 1431 dem Bischof von Beauvais, Pierre Cauchon, die Untersuchungsführung übergab:

«(...) Es ist allgemein bekannt, dass seit geraumer Zeit eine Frau, die sich Jeanne la Pucelle nennen lässt, das Gewand des weiblichen Geschlechts ablegend, was dem göttlichen Gebot zuwider läuft, Gott ein Greuel ist und von allen Gesetzen missbilligt wird und verboten ist, Männertracht angelegt hat und Waffen trägt. Sie hat grausam Menschen getötet und, wie man sagt, dem einfachen Volk, um es zu verführen und zu missbrauchen, zu verstehen gegeben, sie sei von Gott gesandt und kenne seine Geheimnisse, des Weiteren andere sehr gefährliche und unserem katholischen Glauben höchst abträgliche und empörende Irrlehren verbreitet (...)» (Q1, S. 18).

Prozessführend war also – gemeinsam mit dem Vize-Inquisitor Maistre – Pierre Cauchon, Bischof von Beauvais, der auf englischer Seite stand und vor den königlichen Truppen nach Rouen hatte fliehen müssen. Kirchenrechtlich war er zweifellos «kompetent», den Prozess zu führen. Cauchon ist als Prototyp des mit der englischen Besatzung kooperierenden geistlichen

Funktionsträgers zum schwarzen Schaf der Jeanne-Historiographie geworden. Und Cauchon verkörpert in der Tat den Typus des politisch wendigen geistlichen Machtträgers von unbedingtem theologischen Doktrinarismus, der auch den gezielten Einsatz von Brutalität und List nicht scheut. Auf einzelne Verfahrenstricks und -fehler wird zurückzukommen sein. Gerade angesichts einer seit vielen Jahrhunderten gemeinhin mit Verachtung bedachten Persönlichkeit ist es jedoch wichtig darauf hinzuweisen, dass Cauchon im Grunde nicht anders dachte und handelte als alle anderen im anglo-burgundischen Lager. Man kann das Verhalten der Gegner Jeanne d'Arcs im Prozess nur verstehen, wenn man sich ihrer Perspektive nähert. Die Jungfrau war für sie eine lügnerische Person, die im Verein mit Satan unendlich Böses bewirkt hatte und die man exemplarisch bestrafen musste, um Weiterungen des Übels zu vermeiden. Zudem galt es, sowohl die vorgeschriebenen Formen des Inquisitionsprozesses zu wahren als auch den im Urteil Schwankenden wie auch den Anhängern des Königs und der Jungfrau zu beweisen, dass diese Frau aus theologischer und moralischer Sicht eindeutig als Schismatikerin zu verurteilen war. Wenn dies der Fall war, dann war ja gleichfalls bewiesen – wie bereits das Schreiben des englischen Königs nach Jeannes Gefangennahme betonte –, dass Charles' Herrschaft dem Wirken einer Frau zu verdanken war, die mit dem Teufel im Bunde stand. Eine festere Verbindung von politischer Intention und theologischer Überzeugung ist kaum vorstellbar. Sie prägt den gesamten Prozess und macht zusammen mit der Ausstrahlung der *Pucelle* daraus einen der ganz großen Prozesse der Menschheitsgeschichte. Hier stand nicht abstrakt das Gute gegen das Böse, sondern es kam zu einem unbedingten Ringen um Recht und Unrecht, um Wahrheit oder Unwahrheit.

Nach Inquisitionsrecht war der für das Bistum Rouen zuständige Vize-Inquisitor Jean Le Maistre mit Cauchon gleichberechtigter Prozessführer. Neben diesen beiden gehörte zum Gericht noch eine wechselnde Anzahl von Beisitzern, die, ohne richterliche Befugnis zu haben, ebenfalls an der Befragung der Angeklagten teilnehmen durften. Nach heutiger Auffassung handelte es sich um eine Art Sachverständiger. Interessant ist, dass nach dem kanonischen Recht nur in besonders schweren Fällen des Glaubensprozesses solcher Beisitz überhaupt vorgesehen war. Unter den Beisitzern war die Universität Paris massiv vertreten. Zum *promotor fidei* – «Glaubensförderer» – wurde Jean d'Estivet bestimmt. Nach dem Inquisitionsrecht hatte er die Aufgabe, das Anklagematerial zu sammeln und, wenn irgend möglich, auch noch während des Prozesses zu komplettieren. Estivet ist in die Geschichte der Jungfrau als diejenige Person eingegangen, die skrupellos – «mit List und Tücke» – versuchte, Jeanne im Sinne der Anklage zu überführen. Die Prozessquellen sind voll mit falschen Behauptungen, falschen Wiedergaben bzw. Zusammenfassungen der Aussagen von Jeanne d'Arc. Auf Estivets Initiative hin wurden auch die berüchtigten, weil von Fälschungen strotzenden «70 Artikel» der Anklage zusammengestellt, auf die noch weiter einzugehen sein wird. Nach Aussagen mehrerer Zeugen im Revisionsprozess der Jahre 1450–1456 war Estivet zudem hasserfüllt und von cholerischem Temperament. Er habe Jeanne als «Hure» und als «Dreckstück» beschimpft.

In den historiographischen und kirchenrechtlichen Auseinandersetzungen mit dem Verdammungsprozess von 1431 ging und geht es in erster Linie um die Frage, ob dieser Prozess nach damaligem Verfahrensrecht korrekt geführt worden ist. Drei Probleme sind dabei am wichtigsten: 1. Hat ein Inquisitionsprozess überhaupt stattfinden dürfen? 2. Durfte der Prozess geführt werden, ohne dass Jeanne die Anklagepunkte vorab mitgeteilt worden waren, so dass sie ihre Verteidigung organisieren konnte? 3. Hat man sie widerrechtlich ohne Anwalt gelassen? Heutige kirchenrechtsgeschichtliche Expertisen kommen eigentlich durchgehend zu dem Schluss, dass Cauchons Vorgehen von den Vorschriften gedeckt war: Der Prozess konnte auch ohne Einzelnachweis von Verdachtsgründen geführt werden, weil Jeanne – so Cauchon – «notorisch im Verdacht stand», Irrlehren zu verbreiten – «schismatisch» zu sein. Denn ihre Äußerungen und besonders ihre von ihren Gegnern als gotteslästerlich angesehenen Taten waren doch in aller Munde. Auch war es nach Inquisitionsrecht in besonders schwerwiegenden Fällen erlaubt, den Angeklagten zu verhören, ohne ihn in Kenntnis der gegen ihn bestehenden konkreten Vorwürfe und Vorermittlungen zu setzen; nur wenn der Angeklagte einen Anwalt hatte, waren diese Gründe mitzuteilen. Jeanne aber hatte keinen Anwalt, weil sie keinen wollte. Den hätte sie sich nämlich nur aus der Gruppe der von Cauchon versammelten Kleriker wählen können. Natürlich wusste Jeanne, dass von diesen keiner willens bzw. fähig sein würde, sie in diesem Prozess ehrlich zu vertreten. Es gab in diesem Rahmen niemanden «meiner Partei», dem sie hätte vertrauen können, wie Jeanne einmal bitter anmerkte. Aber sie fühlte sich auch ohne solche Hilfe genügend beschützt: «Was den Anwalt angeht, den Ihr mir stellen wollt, so danke ich Euch für das Angebot; aber ich habe nicht die Absicht, mich von Gottes Rat zu entfernen» (T 2, S. 157).

Informeller Ratgeber und quasi ständiger Begleiter wurde für Jeanne während des Prozesses ein Mönch namens Nicolas Loiselleur, eine der berüchtigsten Gestalten der Jeanne-Historiographie. Nach verschiedenen Aussagen von Zeugen im Rehabilitationsprozess von 1456 war Loiselleur, ein *Canonicus* aus Rouen, vollständig zu Diensten des Bischofs Cauchon. Er schlich sich indessen in Jeannes Vertrauen mit der Behauptung ein, er stamme aus Lothringen und sei dort Priester gewesen (solcher Vertrauensmissbrauch gehörte allerdings ohne Weiteres zu den Gepflogenheiten der Inquisition). Loiselleur hat zweifellos den Inhalt vertraulicher Gespräche mit der Jungfrau im Gefängnis weitergegeben, wie aus einer Reihe von Nachfragen des Gerichts zu erkennen ist. Andererseits: obwohl Jeanne im Verlauf des Prozesses sein Doppelspiel erkannte, behielt sie ihn als Beichtvater bei. Er fungierte weiterhin als eine Art inoffizieller Beistand, der versuchte, Jeannes Leben zu retten, indem er ihr im Zusammenhang mit der Abschwörung (s. u.) unter anderem auch dringend riet, wieder Frauenkleider anzulegen, wolle sie nicht den Feuertod erleiden.

All dies macht das merkwürdige Strukturprinzip des Verdammungsprozesses von 1431 deutlich: Er war sowohl ein Inquisitionsprozess als auch ein politischer Prozess, verschärft noch durch die Kriegssituation. Cauchon und seine Assessoren waren Feinde der Jungfrau, aber sie waren es umso mehr, als sie der tiefen Überzeugung waren, es mit einer Ketzerin bzw. einer willentlich dem Teufel verfallenen Hexe zu tun zu haben, die zudem noch mit ungeheurer *superbia* – Überheblichkeit – ihren Standpunkt vertrat . Oft genug versetzte sie die versammelte Elite der Pariser Universität mit ihren Antworten und Reflexionen in Aufregung – oder brachte sie zu verblüfftem Schweigen. Der Kern der unvergleichlichen Dramatik der Auseinandersetzung dieses Prozesses liegt – das hat Shaw fein gesehen – im «tragischen» Aufeinanderprallen zweier unversöhnlicher Überzeugungen. Auf der einen Seite das Inquisitionsgericht als Institution und bürokratisch ausgeformter politischer Apparat, auf der anderen Seite eine helle und über die Jahrhunderte hinweg faszinierend frische und authentische junge Frau von unerschütterlichem individuellen Glauben, von gedanklicher Stringenz und sprachlicher Überzeugungskraft. Letztlich ist es diese Präsentation als unerschrockene Bekennerin, die aus Jeanne eine der großen Gestalten der Weltgeschichte gemacht hat. Für dieses permanente Aufeinanderprallen zweier Welten sei hier nur ein Beispiel gegeben:

Nachdem der Prozess am 9. Januar 1431 mit der Bestellung des Gerichts und der Verlesung der verschiedenen Akkreditierungen begonnen hatte, wurde Jeanne erst sechs Wochen später, am 21. Februar 1431, zu ihrer ersten «öffentlichen» Vernehmung vor dem geistlichen Auditorium aus ihrem Gefängnis vorgeführt. Nahezu die gesamte erste Sitzung sah sich das Gericht gezwungen, mit der selbstbewussten und argumentativ starken Angeklagten über die geforderte Eidleistung zu diskutieren.

«Er [der Bischof Cauchon] forderte sie auf, bei den heiligen Evangelien zu schwören, dass sie auf alle Fragen wahrheitsgetreu antworten werde. Besagte Jeanne antwortete: ‹Ich weiß nicht, was Ihr mich fragen wollt. Vielleicht könntet Ihr mich etwas fragen, was ich Euch nicht sagen werde›. Worauf der Bischof zu ihr sagte: ‹Ihr sollt schwören, die Wahrheit zu sagen auf Fragen, die den katholischen Glauben angehen, und alles andere, wovon Ihr Kenntnis habt›. Worauf besagte Jeanne antwortete, dass sie über ihre Eltern und über alles, was sie getan hat, seit sie nach Frankreich gezogen ist, gern schwören wolle. Aber über die Offenbarungen, die sie von Gott erhalten hat, habe sie nie gesprochen, noch sie irgend jemandem enthüllt, außer Karl, ihrem König. Und sollte man ihr den Kopf abschlagen, so würde sie darüber nichts verraten» (Duby, S. 19).

Wenige Tage später, am 24. Februar, wiederholte Cauchon seine Forderung an die Angeklagte «sie möge einfach und bedingungslos schwören, die Wahrheit zu sagen. (...) Worauf sie antwortete: ‹Bei meiner Seligkeit, Ihr könntet mich nach Dingen fragen, die ich Euch nicht sagen werde›. Ferner: ‹Es kann sein, dass ich auf vieles, was Ihr mich fragen könntet, Euch nicht die Wahrheit sage, besonders, was die Offenbarungen berührt; weil Ihr mich vielleicht zwingen könntet, etwas zu sagen, was ich versprochen habe, nicht zu sagen. So wäre ich eidbrüchig; und das dürft Ihr nicht wollen›. Ferner sagte sie zu Mgr. de Beauvais: ‹Bedenket recht, dass Ihr Euch meinen Richter nennt, denn Ihr bürdet Euch eine schwere Last auf, und Ihr mutet mir zuviel zu›. Ferner sagte sie, dass es wohl genug sei, wenn man zweimal geschworen hat. Ferner sagte sie, dass sie von Gott komme und hier nichts zu schaffen habe ...» (Duby S. 28).

Was hier in den ersten Wortwechseln zwischen dem Bischof als Vertreter der kirchlichen Autorität und der selbstbewussten Jungfrau manifest wird, bleibt Strukturform des gesamten Prozesses und gibt diesem die mitreißende Dramatik über die Zeiten hinweg. Gibt es Dinge, in denen der Gläubige der Kirche als einzig legitime Vertreterin des Glaubens Rechenschaft verweigern darf? Damalige Theologen waren sich hierüber nicht einig. Es war durchaus strittig, wie sich individuelles Gewissen zu kirchlicher Doktrin verhalten konnte. Und in einem weniger politisch motivierten Prozess wäre wohl auch unter den Beisitzern hierüber eine Diskussion entstanden. Aber im Prozess von Rouen diente ja die Autorität der *ecclesia militans* auch der Vernichtung des politischen Feindes, und die Theologie wurde zur Kriegswaffe, ohne dass deshalb Bischof Cauchon und seinen Beisitzern leichtfertiger oder zynischer Umgang in Glaubenssachen unterstellt werden kann, wie es die «Johannisten» gemeinhin tun.

Wenn man sich heute in diese theologischen Distinktionen vertieft, besteht die Gefahr, eine andere wichtige und die Dramatik des Prozesses bestimmende Polarität aus den Augen zu verlieren: Auf der einen Seite stand die – wie auch immer politisch motivierte – theologische Expertise, auf der anderen Seite ein einfaches Mädchen, welches zwar zur Kriegsheldin geworden war, gleichwohl aber nach eigener Aussage «nicht a und b kannte», die also des Lesens und Schreibens (nahezu) unkundig war und keinen Rechtsbeistand hatte. Es mag sein, dass ihr während des Prozesses Verhaltenshinweise zugeflüstert worden sind, was Cauchon erbost vermutete, aber verblüffend bis heute bleibt ihre schlagfertige Schlichtheit, in der auch geistige Überlegenheit spürbar wird. Jeannes Antworten im Prozess, ihre Art und Weise, das Gericht in seine Schranken zu weisen, den gesunden Menschenverstand gegen theologisches Raisonnieren zu stellen, die Kraft, den individuellen Glauben in einfache Worte zu fassen, sind in dieser Dichte wohl einzigartig in der überlieferten Geschichte der Menschheit und haben seit sechs Jahrhunderten nichts an Faszinationskraft eingebüßt. Deshalb gibt es auch eine nahezu durchgehende Tradition der Prozesserzählung in Historiographie und Dichtung, die in immer neuen Varianten die Aussprüche Jeanne d'Arcs während des Prozesses zitiert.

Die Aussagen der Jungfrau, die auch den heutigen Leser noch stark zu beeindrucken vermögen, hatten jedoch auf das Gericht eine ganz andere Wirkung: Sie erweckten Missmut und Abwehrmaßnahmen. Für den Bischof Cauchon, den Vize-Inquisitor Maistre und die wichtigsten Beisitzer waren Jeannes Stolz und Schlagfertigkeit nichts als *superbia* (wie es einmal in einer Protokollrandnotiz heißt: «Filia superba», also mit der Demut des Glaubens nicht verträgliche Überheblichkeit/Anmaßung) und daher nur ein weiteres Indiz für den häretischen Charakter der Angeklagten und für ihre mögliche Zauberkraft. Als Jeanne den Bischof Cauchon zu Prozessbeginn bat, sie zuvor zur Beichte zu hören, wenn er wolle, dass sie das Paternoster sage, dann mag das heute als Glaubensdemut erscheinen; in der Prozesssituation von 1431 war diese Bitte für den Bischof eine riesige Gefahr, denn in der Inquisitionsprozedur war überaus strittig, ob ein in Glaubenssachen Angeklagter weiter verfolgt werden durfte, wenn er vor dem untersuchenden Gericht gebeichtet hatte. Viele der Häresie Verdächtige hatten deshalb bereits versucht, auf diese Weise ihr Leben zu retten. So fühlten sich die feindlich gesinnten Richter wieder in Bedrängnis gebracht von der ihnen unerklärlichen, aber eben deshalb Häresie-suspekten Kraft der Jungfrau. Konsequenz aus diesem Generalverdacht waren klare Prozessmängel, die auch im Revisionsprozess (s. unten) von 1450 bis 1456 gerügt wurden. Allein schon die grausamen und dem Inquisitionsrecht klar widersprechenden Haftbedingungen waren unzulässig. Die Angeklagte wurde nämlich nicht, wie zwingend vorgeschrieben, in einem Kirchengefängnis festgehalten und unter weibliche Aufsicht gestellt. In vollem Bewusstsein auch der dem Gericht bekannten Tatsache, dass Jeanne eine *virgo intacta* war, wurde die Jungfrau gleichwohl durch englische Söldner bewacht und im Turm des Schlosses von Rouen in einem dunklen Raum in Ketten gelegt, worüber sie sich auch energisch beschwerte.

Die grausamen Haftbedingungen ohne Rücksicht auf das Kirchenrecht zeigen unter anderem wieder die Duplizität von politischem und kirchlichem Prozess. Es ist indessen quellenmäßig nicht genau zu unterscheiden zwischen dem, was die geistlichen Richter an Illegalität zu vertreten hatten, und was ihnen von den englischen Machthabern befohlen wurde. Jedenfalls aber waren sie willfährig und bereit, das Kirchenrecht aus politischen Gründen zu beugen. In diesem Zusammenhang ist auch die erstaunliche Tatsache zu nennen, dass der zunächst «öffentliche» Prozess (unter Anwesenheit einer Vielzahl von Assessoren) bereits am 10. März 1431 mit stark reduzierter Teilnehmerzahl ins Gefängnis verlegt wurde. Weshalb es dazu kam, konnte im Revisionsprozess von 1456 nicht eindeutig geklärt werden, aber sicher geht die Vermutung der Revisionsrichter nicht fehl, dass Cauchon Zuspruch und Hilfestellungen für die Angeklagte verhindern wollte. Es hat den Anschein, dass mehrere Assessoren mit der Prozessführung des Bischofs und des Vize-Inquisitors nicht einverstanden waren und in den Bann der Ausstrahlung Jeannes gerieten. Näheres hierüber aber wissen wir nicht.

Aber wenn man (wie Jeannes Anhänger bis heute) diesen Aspekt betont, so soll doch auch das Gegenargument gehört werden: Jeanne akzeptierte nicht die Autorität des Gerichtes; sie erklärte bereits in der ersten Prozesssitzung, dass sie, wann immer es möglich sei, versuchen werde zu entkommen, wie es das Recht jedes Gefangenen sei. Cauchons Warnung, dass jeder Fluchtversuch als Häresie geahndet werde, beeindruckte sie nicht. Tatsächlich hatte sie ja auch während ihrer Gefangenschaft bereits mehrfach versucht – wie bei ihrem Sprung aus dem Turm der Burg von Beaurevoir – sich zu befreien. Auf diese Angelegenheit ging die Befragung im Gefängnis, am 14. März 1431, ausführlich ein:

«(...) gefragt, warum sie in Beaurevoir vom Turm gesprungen ist, antwortet sie, dass sie wusste, dass sie an die Engländer verkauft war und lieber sterben wollte, als in den Händen der Engländer zu sein. Gefragt, ob sie diesen Sprung auf den Rat ihrer Stimme getan hat, antwortet sie: Die heilige Katharina habe ihr fast jeden Tag gesagt, sie solle nicht springen und Gott würde ihr und denen von Compiègne helfen. Und besagte Jeanne sagte zu der heiligen Katharina, wenn Gott denen von Compiègne helfen würde, wolle sie dort sein. Die heilige Katharina sagte zu ihr: ‹Es hilft nichts, Ihr müsst alles willig aufnehmen und Ihr werdet nicht befreit, solange Ihr den König der Engländer nicht gesehen habt›. Und besagte Jeanne antwortete: ‹Wahrhaftig, den will ich nicht sehen; lieber will ich sterben, als den Engländern ausgeliefert zu werden›. (...) Gefragt, ob sie sich töten wollte, als sie hinuntersprang, antwortete sie: Nein. Sondern als sie sprang, befahl sie sich Gott und glaubte, durch den Sprung zu entkommen, damit sie nicht an die Engländer ausgeliefert werde» (Duby, S. 63).

Auch dieses Zitat macht die Vielschichtigkeit dieses ebenso von der Politik wie von Glaubensfragen bestimmten Inquisitionsprozesses deutlich: Hat Jeanne in selbstmörderischer Absicht gehandelt, was im zeitgenössischen Verständnis ebenso schwerwiegend war wie Mordabsicht? Was haben ihre Stimmen dazu gesagt? Die Antworten der Jungfrau zeigen, dass diese Stimmen auch Zweifel und Kritik an ihrem Verhalten äußern konnten, dass Jeanne also massive Gewissenszweifel hatte. Und die Richter, die eigentlich davon überzeugt waren, dass die Stimmen der Jungfrau nur Stimmen des Teufels sein können, fingen an, der Angeklagten vorzuwerfen, dass sie sogar so hochmütig sei, ihren eigenen Stimmen nicht zu gehorchen.

Solche Prozesspassagen machen auch dem heutigen Leser deutlich, welche Bannkraft noch die in Ketten liegende Gefangene auf ihre Gegner und Richter ausübte. In diesem Zusammenhang sei auch eine weitere berühmt gewordene Äußerung Jeanne d'Arcs zitiert:

«Gefragt, was sie damit meinte, als sie gesagt hat, Mgr. de Beauvais begebe sich in Gefahr, wenn er ihr den Prozess mache (…) antwortete sie, weil es so war und immer noch ist, was sie Mgr. de Beauvais gesagt hat: ‹Ihr nennt Euch meinen Richter. Ich weiß nicht, ob Ihr es seid. Aber hütet Euch, dass Ihr nicht übel richtet. Ihr würdet Euch in große Gefahr begeben. Ich mache Euch darauf aufmerksam, damit, wenn Unser Herr Euch dafür straft, ich meine Pflicht getan und es Euch gesagt habe› (…)» (Duby, S. 64).

Immer wieder zeigte sich aber auch im Verhör, dass die Richter, die der Angeklagten magische Praktiken vorwarfen, sehr viel stärker als sie selber im Bann des Magischen standen, gegen dessen Eigenkräfte sie die Barriere der Inquisition errichteten. Tatsächlich zeigte sich das Hohe Inquisitionsgericht zutiefst beunruhigt von einer Gefangenen, die seine Autorität grundsätzlich in Frage stellte.

Es versteht sich, dass unter den gegebenen Umständen die Antworten der Jungfrau ihre Feinde zwar zum Teil in Verwirrung brachten, aber um so mehr deren Überzeugung verfestigten, es mit einer diabolischen Kraft zu tun zu haben:

«Gefragt, ob sie, als der Angriff [auf die Bastille Saint Loup vor Orleans] beginnen sollte, ihren Leuten nicht gesagt hat, sie selbst werde die Pfeile, Bolzen und Steine aus Wurfmaschinen oder Kanonen usw. auffangen, antwortete sie: Nein, es hat ja mehr als hundert Verletzte gegeben; aber sie hat ihren Leuten gesagt, sie sollten sich nicht fürchten, und sie würden die Belagerung aufheben (...)» (Duby, S. 38).

Jeanne schöpfte aus dem Glauben und ihren Stimmen ein ganz ungewöhnliches Selbstbewusstsein, aus dem eben die Freiheit von magischen Zwängen entspringt. Diese Freiheit aus dem Glauben wird noch akzentuiert durch eine ungewöhnliche Kraft, eine in den spontanen Äußerungen hervortretende überlegene Klugheit – die allerdings manchmal auch in Arroganz übergehen konnte:

«Gefragt, ob sie auch in der Sache des Krieges nichts ohne die Erlaubnis ihrer Stimmen getan hat, antwortet sie: ‹Darauf habt Ihr die Antwort schon. Lest in Eurem Buch nach, und Ihr werdet es finden›» (Duby, S. 69). «Gefragt, ob ein Licht da war, als die Stimme ihr den König zeigte, antwortet sie: ‹Übergeht das› (Passez outre!); gefragt, ob sie Engel über dem König gesehen hat, antwortet sie: ‹Verzeiht mir. Übergeht das›. Ferner sagte sie, dass der König, bevor er sie ans Werk ließ, mehrere Erscheinungen und herrliche Offenbarungen hatte. Gefragt: Welche Offenbarungen, antwortete sie: ‹Ich werde es Euch noch nicht sagen, aber geht zum König, und er wird es Euch sagen›. (...) Gefragt, ob es recht gehandelt war, an einem Festtag einen Angriff [auf Paris] zu unternehmen, antwortete sie: ‹Übergeht das›»(Duby, S. 27 f.).

Das Verhör wurde am 17. März 1431 abgeschlossen. Es folgte die Ausarbeitung eines Anklagebegehrens, welches Jean d'Estivet, der *promotor fidei,* zunächst in 70 «Artikeln» zusammenfasste und begründete. Diese Anklageschrift wurde der Angeklagten am 27. und 28. März 1431 im Rahmen des damit beginnenden «ordentlichen Prozesses» vorgelesen. Zu jedem einzelnen der 70 Artikel hatte sie knapp Stellung zu beziehen, wobei sie noch einmal auf die ihr erneut angebotene Beratungshilfe verzichtete.

Diese 70 Artikel und die Antworten der Jungfrau darauf sind ein Schlüsseldokument des Verdammungsprozesses. Estivet wurden bereits im Revisionsverfahren ab 1450 grobe und böswillige Verdrehung, Fälschung und Auslassung vorgeworfen, und tatsächlich steckt dieses Anklagebegehren voller (Kriegs-)

List und Tücke. Aber dieses ungeheure Machwerk lässt auch die Zusammenballung von Furcht, Wahn und Besessenheit auf Seiten der Feinde der Jungfrau paradigmatisch deutlich werden.

In Art. 6 hieß es: «Besagte Jeanne pflegte oft zu der Quelle und zu dem Baum zu gehen, mit Vorliebe nachts, zuweilen auch tagsüber, besonders gern zur Stunde des Gottesdienstes in der Kirche, um allein zu sein; tanzend ging sie um die Quelle und den Baum herum; dann hing sie in die Äste des Baums viele Kränze (...), wobei sie vorher und nachher gewisse Lieder sang und Zauberformeln sprach, mit bestimmten Anrufungen, Zaubereien und Hexenkünsten; am nächsten Morgen befanden sich die Kränze nicht mehr dort» (Duby, S. 81).

Diese Beschuldigung, Jeanne habe in ihrer Jugend in Domrémy Zauberpraktiken ausgeübt, liest sich in der tatsächlichen Befragung Jeannes zu diesem Punkt im Verhör vom 24. Februar 1431 ganz anders:

«Gefragt nach dem Baum, antwortet sie, dass in der Nähe von Domrémy ein Baum steht, der Baum der Frauen heißt, andere nennen ihn Baum der Feen; daneben ist eine Quelle; sie hat sagen hören, dass die Fieberkranken daraus trinken; sie hat selber gesehen, dass manche dorthin gingen und Wasser holten, um gesund zu werden. Aber ob sie davon gesund wurden oder nicht, weiß sie nicht. (...) Ferner sagt sie, dass sie manchmal im Sommer mit den anderen Mädchen hinging und dort Kränze für das Bild Unserer Lieben Frau in Domrémy machte. (...) Ferner sagt sie, dass sie die Feen nie gesehen hat, soviel sie weiß, weder bei dem Baum noch anderswo. Ferner, dass sie die Mädchen Kränze an besagten Baum hat hängen sehen; sie selber hat es mit ihnen getan. (...) Aber seit sie wusste, dass sie nach Frankreich musste, ist sie weniger herumgesprungen, so wenig wie möglich. Und sie weiß nicht, ob sie, seit sie verständig geworden ist, bei besagtem Baum getanzt hat. Aber es ist wohl möglich, dass sie dort manchmal mit den anderen Kindern getanzt hat, aber sie hat mehr gesungen als getanzt ...»(Duby, S. 33).

Estivet waren demnach offensichtlich alle Mittel recht, um Jeanne der Zauberei zu überführen. Er war überzeugt, dass sie nur aus diesem Grunde Erfolg im Kriege hatte haben können und – so die Behauptung des Artikels 62 seiner Anklageschrift – dass sie sich wie die falschen Propheten über die Kirche erhoben hatte.

Zur teufelsgeleiteten Zauberei gehört auch sexuelle Ausschweifung. Auf die ging Estivet in Art. 11 intensiv ein, was um so frevelhafter war, als er genau wissen musste, dass Jeanne d'Arc eine *virgo intacta* war, wie die vom englischen König bestellten Damen in einer Jungfräulichkeitsuntersuchung vor Beginn des Ordentlichen Prozesses hatten einräumen müssen.

Art. 11 lautete: «Jeanne, mit besagtem Robert [de Baudricourt] vertraut, sagte prahlerisch [zu ihm], wenn sie einmal das, was ihr von Gott aufgetragen worden war, erledigt habe, sie drei Söhne haben werde, von denen der erste Papst, der zweite Kaiser und der dritte König sein werde. Als dieser Hauptmann das hörte sagte er zu ihr: ‹Ich möchte Dir also auch ein Kind machen, denn da es Männer von so hohem Rang sein werden, wäre ich selber dann auch wertvoller.› Sie antwortete ihm: ‹Nein, nein, edler Robert, dafür ist noch keine Zeit; der Heilige Geist wird sich darum bemühen› (...)» (T 2, S. 171).

Bewundernswert sind Jeannes Antworten auf diese zum Teil ungeheuerlichen, zum Teil abstrusen, zum Teil allerdings das Verhör tatsächlich präzise wiedergebenden 70 Artikel Estivets. Wobei nicht vergessen werden sollte, dass die Angeklagte, zwischenzeitlich ernsthaft erkrankt und deshalb stark geschwächt, unter extremen Haftbedingungen stand; dass sie gefesselt war und nachts an ihr Lager angekettet wurde. Den Vorwurf des Artikels 32, sie habe hochmütig behauptet, dass alles, was sie getan habe, auf Gottes Rat hin geschah, korrigierte sie klug dahingehend, dass alles, was sie *Gutes* getan habe, auf Gottes Rat geschah. Des Weiteren erinnerte sie sich genau an alle ihre Prozessaussagen, weshalb sie die konstruierten Anklagepunkte zum Teil wie mit einem Federstrich wegwischen konnte.

Das historisch Wichtigste und Erhellendste an diesen Beschuldigungen aber ist, dass Jeanne hier noch einmal die alle speziellen Vorwürfe bestimmende zentrale Frage nach den Rechten und Pflichten eines guten Christen, nach Gewissensfreiheit und Kirchentreue in bestechend kohärenter Weise beantwortete. Ihre abschließende Stellungnahme vom 31. März 1431 zu den Vorwürfen der Anklage lässt dies klarer werden als jedes Resümee:

«(...) Von dem, was Unser Herr sie tun hieß, ihr befahl und befehlen wird, wird sie um keines lebenden Menschen willen ablassen. Es wäre ihr unmöglich, diese [ihre Stimmen] zu widerrufen. Und sollte die Kirche sie etwas heißen, was gegen den Befehl ist, den Gott ihr nach ihrer Aussage gegeben hat, so würde sie es um keinen Preis tun» (T 2, S. 243).

Estivets 70 Artikel wurden in der Folge auf eine Anklageschrift mit dem Umfang von 12 Artikeln gekürzt. Dieses Kondensat, in dem allzu groteske Behauptungen der ursprünglichen Anklage getilgt waren, wurde dann der Universität Paris zur Begutachtung vorgelegt. In Erwartung von deren Antwort wurde Jeanne d'Arc in den folgenden 14 Tagen immer wieder aufgefordert, sich der «streitbaren Kirche» – den zur Glaubensvermittlung berufenen kirchlichen Institutionen – zu unterwerfen, wobei ihre Richter diese Forderung mit sanfter Belehrung oder Androhung von Folter durchzusetzen versuchten. Die Angeklagte blieb aber immer mit größter Festigkeit bei ihrer Auffassung. Nachdem ihr erklärt worden war, was die «streitbare Kirche» ist, und nachdem man sie noch einmal aufgefordert hatte, sich dem Glaubensartikel *unam sanctam ecclesiam* zu beugen, sagte sie:

« ‹Ich glaube wohl an die Kirche hier auf Erden, aber für meine Taten und meine Worte verlasse und berufe ich mich auf Gott, wie ich früher gesagt habe›. Ferner sagte sie: ‹Ich glaube wohl, dass die streitbare Kirche nicht irren oder fehlen kann. Aber meine Worte und Taten übergebe und überlasse ich allein Gott, der mich tun hieß, was ich getan habe›» (Duby, S. 92).

Von einer Folter sahen die Richter schließlich ab, weil man sich angesichts «der Verstocktheit ihrer Seele und der Art ihrer Antworten» davon keinen Erfolg versprach. Jeanne hatte überdies bei früheren Folterandrohungen schon erklärt, sie werde unter Folter vielleicht schwach werden und Geständnisse ablegen, später aber dann alles widerrufen.

Am 14. Mai 1431 traf das Gutachten der Universität Paris

ein. Es verwarf kategorisch alle Argumente der Angeklagten. Diese seien «verführerisch und verderblich, derlei Offenbarungen sind abergläubisch und Erfindungen». Jeanne habe auch eine falsche Auffassung von der Freiheit des menschlichen Willens; sie habe bewusst das Gebot der Nächstenliebe übertreten; sie sei eitler Prahlerei verfallen; sie sei grausam und mörderisch gewesen, aufrührerisch, zur Tyrannei aufwiegelnd und gotteslästerlich; sie sei schismatisch, denke «falsch von der Wahrheit der Autorität der Kirche» und habe «regelmäßig im Glauben geirrt».

Nach Verlesung dieser vernichtenden Beurteilung der theologischen Autoritäten wurde die Angeklagte den Vorschriften des Inquisitionsprozesses entsprechend noch einmal «liebevoll ermahnt», von ihren irrigen Ansichten abzulassen und sich der Kirche zu unterwerfen. Aber Jeanne blieb fest in ihrer Überzeugung.

Am folgenden Tag, dem 24. Mai, wurde sie – wahrscheinlich um ihr zu demonstrieren, welches Schicksal ihr drohte – zum Friedhof St. Ouen geführt. Nach einer Predigt über das Johannes-Evangelium, Kap. XV, «die Rebe kann keine Frucht bringen von sich selber, sie bleibe denn am Weinstock», wurde sie nochmals zur Unterwerfung unter die «streitbare Kirche» aufgefordert. Jeanne blieb jedoch bei ihren im Prozess gemachten Aussagen. Sie appellierte jetzt aber an den Schiedsspruch des Papstes: «(...) Was mein Tun betrifft, so möge man es nach Rom bringen zu unserem Heiligen Vater, dem Papst, auf den ich mich nächst Gott berufe». In der Tat war dieser Rekurs möglich. Cauchons barsche Weigerung, dem Inquisitionsprozessrecht in diesem Punkt zu folgen, mit der lakonischen Begründung, «man könne den Heiligen Vater nicht von so weit herholen; die Ordinarien seien Richter, jeder in seiner Diözese», war ein klarer Verstoß gegen das Recht. Im Revisionsprozess wurde dieser gravierende Verfahrensfehler von der ersten Erhebung an gerügt und war ein Hauptgrund für die schließliche Kassierung des Urteils. Es sind diese im Prozess immer wieder vorkommenden Regelwidrigkeiten, an denen sich die politischen Intentionen dieses Kriegsgerichts als Inquisitionsgericht erweisen.

Als anschließend begonnen wurde, das Verdammungsurteil zu verlesen, änderte die Angeklagte allerdings plötzlich ihre Haltung und erklärte sich zur Abschwörung aller Irrtümer bereit. Der Abschwörungstext, der im Prozessprotokoll steht, stimmt jedoch nicht mit dem überein, was Jeanne wirklich als Abschwurformel vorgelegt worden ist. Dies ergibt sich aus verlässlichen Zeugenaussagen des Revisionsprozesses, der sich mit der Abschwörungsszene ausführlich befasste. Hat die Jungfrau wirklich abgeschworen, hat sie dabei gelacht, als Zeichen der Ungültigkeit des erzwungenen Schwurs, hat sie gar mit einem Kreuz unterzeichnet als Zeichen, wie sie einmal im Prozess angedeutet hatte, dass ihr Schwur ungültig sei? Im Heiligsprechungsverfahren in den Jahren nach 1890 ist über diese Frage ebenfalls heiß diskutiert worden. Denn nach kanonischem Recht kann niemand heiliggesprochen werden, wenn er im Glauben gezweifelt hat. War sie also schwankend geworden und hatte sie ihre Stimmen verraten? Zweifellos ja, denn welche Tricks und Zwänge auch angewendet worden sein mögen, um die Unterschrift der Angeklagten zu erwirken: Nicht von ungefähr hat dieselbe am folgenden Tag ihre Abschwörung bereut und erklärt, Gott habe ihr durch die heilige Margaretha mitteilen lassen, dass sie sich in die Gefahr ewiger Verdammnis begebe, wenn sie abschwöre, um ihr Leben zu retten. Tatsächlich habe sie nur aus Angst vor dem Feuer abgeschworen und weil ihr Falsches gepredigt worden sei. Sie habe überdies nicht verstanden, was man ihr vorgelesen habe. Dieser Widerruf der Abschwörung wie auch das Wiederanlegen von Männerkleidung – nachdem ihr doch perfiderweise die Frauenkleidung im Gefängnis weggenommen worden war – führten zur Verdammung und zum Beschluss, sie als rückfällige Ketzerin dem «weltlichen Arm» zu übergeben. Bekanntlich folgte in Ketzerprozessen hierauf das Todesurteil und der Scheiterhaufen. Im Falle Jeanne d'Arcs aber verzichteten die englischen Machthaber von Rouen – in diesem Fall der «weltliche Arm» – auf ein formelles Verfahren. Unmittelbar nach dem kirchlichen Spruch wurde Jeanne d'Arc auf dem längst vorbereiteten Scheiterhaufen dem Feuer übergeben.

Über den Ablauf der Hinrichtung geben die Prozessakten keine Information und die strikt zeitgenössischen Quellen sind spärlich. Es gibt nur einige Hinweise seitens burgundischer Chronisten. Am drastischsten ist die Erzählung des anonymen *bourgeois de Paris*:

«Und alsbald wurde sie von allen zum Sterben verurteilt und an einen Pfahl gebunden, der auf dem Gerüst war und aus Gips, und das Feuer über ihr, und da war sie bald erstickt und ihr Kleid ganz verbrannt, und dann wurde das Feuer niedrig gehalten, und wurde sie dem Volk ganz nackt gezeigt und alle Geheimnisse, die an einem Weib sein können oder sollen, um die Zweifel des Volkes wegzunehmen. Und als man genügend und nach Belieben sie ganz tot, an den Pfeiler gebunden, gesehen hatte, da schürte der Henker das Feuer wieder hoch über ihre arme Leiche, die bald ganz verbrannt war, und Knochen und Fleisch zu Asche geworden» (bourgeois, S. 224).

Weitere Angaben über den Tod Jeanne d'Arcs sind nur in einigen Aussagen im Revisionsprozess überliefert, wobei hier allerdings kaum auszumachen ist, was authentische Erinnerung ist und was in den Bereich der ausschweifenden Legendenbildung gehört, zumal der Revisionsprozess das Ziel verfolgte, die Jungfrau als untadelige Christin erscheinen zu lassen.

Zwei Aussagen stehen hierbei immer im Zentrum der traditionellen Erzählung. Zunächst die von Jean Massieu, dem Gerichtsbediensteten, der mehrfach befragt wurde. Massieu berichtete von der Ungeduld der Engländer, die Verbrennung durchzuführen. Jeanne habe, während sie auf dem Scheiterhaufen angebunden wurde, Gott und die Heiligen angerufen und ihr letzter Schrei sei «Jesus» gewesen. Ein anderer Zeuge sagt aus, dass Jeanne noch um ein Kreuz gebeten habe, welches ihr ein englischer Soldat aus zwei Holzstücken gebastelt und schließlich zugesteckt habe. Und der Bettelmönch Isambard, ebenfalls bei der Hinrichtung zugegen, berichtete, er habe aus einer nahegelegenen Kirche ein Kreuz geholt, das er Jeanne zeigte, während sie schon von den Flammen erfasst wurde. Des Weiteren wird im Revisionsprozess berichtet, dass der Henker zutiefst erschrocken gewesen sei, weil es ihm nicht gelang, trotz zusätzlicher Zündmittel das Herz der Jungfrau zu verbrennen und dass auch englische Soldaten geweint hätten, tief ergriffen von einem solch edlen Märtyrertum.

In die historische Erzählung sind solche Elemente des Mythos natürlich nicht einfach als Fakt zu integrieren, wie es allerdings in den meisten Darstellungen geschieht. Ziemlich gesichert dürfte nur sein, was Isambard und andere Zeugen berichten, nämlich dass Jeanne die Hilfe der Heiligen angerufen und als Letztes vor ihrem Tod Jesus angerufen habe. Daran erinnerte sich die Bevölkerung noch viele Jahre später.

Der *bourgeois* aus Paris berichtet abschließend lakonisch über eine andere umlaufende Erzählung: «Es gab da und an anderen Orten viele Leute, die sagten, sie sei als Märtyrerin für ihren rechtmäßigen Herrn gestorben, andere haben gesagt, dass dies nicht wahr sei und dass er [Charles VII] schlecht gehandelt habe, sie so lange bei sich zu halten. So haben die Leute geredet, aber was auch immer sie Schlechtes oder Gutes gemacht hat – an jenem Tag ist sie verbrannt worden» (bourgeois, S. 224, Übersetzung korrigiert).

Das Revisionsverfahren 1450–1456

König Charles war das Schicksal Johannas anscheinend gleichgültig, zumindest ist keine Stellungnahme von ihm überliefert. Auch in der Korrespondenz des Königs – etwa mit der Stadt Reims – werden die Taten oder der Tod Jeanne d'Arcs mit keinem Wort erwähnt. Zu tiefgreifend war wohl der Dissens zwischen der auf Verhandlungen und Kompromisse mit Burgund ausgerichteten Politik des Königs und dem Kriegskurs der Jungfrau gewesen. Fest steht jedenfalls, dass die Schlachtenerfolge Jeanne d'Arcs und das neue Selbstbewusstsein der Städte dazu beitrugen, dass Burgund sich in den Jahren nach 1431 immer stärker von der englischen Option abwandte und auf Einigung mit dem Haus Orleans setzte. «Erst durch Johannas Bellizismus

[war] Frankreich kriegsstärker und Burgund seinerseits friedensbereiter gemacht worden» (Heribert Müller). Diese Entwicklung führte schließlich zum Vertrag von Arras im Jahre 1435, der die Beziehungen zwischen den «verfeindeten Brüdern» dauerhaft zu regeln versprach.

Arras war der Beginn des wirklichen Aufstiegs von Charles VII zum Herrscher von Frankreich und zum «sehr siegreichen König», wie er in der französischen Nationalhistoriographie späterhin genannt wurde. Bis zum Jahre 1449 gelang es ihm, die Engländer gänzlich aus Frankreich zurückzudrängen. Im November 1449 wurde schließlich auch die Stadt Rouen befreit. Für die Geschichte Jeanne d'Arcs ist dies insofern wichtig, als sich nicht nur die gesamten Unterlagen des Verdammungsprozesses in Rouen befanden, sondern auch viele Prozessbeteiligte und Zeitzeugen dort ansässig waren. Bemerkenswert ist, dass der König bereits am 15. Februar 1450, also nur drei Monate nach der Rückgewinnung Rouens, anordnete, die Revision des Prozesses von 1431 in Angriff zu nehmen. Angesichts seines vorangegangenen Schweigens ist kaum davon auszugehen, dass er ein vorwiegendes Interesse an der Wiederherstellung des guten Rufes der in Rouen als Ketzerin verbrannten Kriegsheldin hatte. Vielmehr war ihm daran gelegen, den Vorwurf der Engländer zu entkräften, der König von Frankreich verdanke seine Herrschaft einer Ketzerin, also letztlich dem Teufel. Nur aus diesem Grunde wurde die Revision über Jahre hinweg so zielstrebig betrieben. Der Artikel 26 des von Charles geistlichen Beratern aufgestellten Fragenkatalogs für die Zeugenbefragung der Revision formuliert diese Absicht ganz unzweideutig: Die Engländer hätten mittels des Prozesses von 1431 versucht «den sehr christlichen König zu entehren, weil dieser die Hilfe einer so verdammenswerten Frau genutzt habe» (D 3, S. 185).

Ein großes Problem für die Aufnahme des Revisionsprozesses war zunächst, dass Jeanne d'Arc einem regelrechten Ketzerprozess unterworfen worden war, den auch der mächtige König Charles VII nicht einfach rückgängig machen konnte. So wurde der bekannteste Theologe des Königreichs, Guillaume Bouillé, mit der Voruntersuchung beauftragt. Bouillé wurde ermächtigt, alle Prozessquellen, Aktenmaterial und Zeugen beizubringen, notfalls auch mit Zwangsmaßnahmen. Es gehe darum herauszufinden, ob «unsere alten Feinde und Gegner, die Engländer» unter Zuhilfenahme «gewisser dazu beauftragter Personen» (sic: Cauchon!) einen Prozess geführt hätten, in welchem «mehrere Fehler und Mißbräuche» begangen worden seien und in welchem «Jehanne la Pucelle» schließlich «aus großem Hass, ungerecht und grundlos und sehr grausam» getötet worden sei (Q 2, S. 2).

Die Revision vollzog sich in drei Schritten: Zunächst wurden im Jahre 1450 die Akten gesammelt und Vernehmungen hierzu durchgeführt; es folgten 1452 die von der Kirche geleitete Erstellung eines Fragenkatalogs und weitere Untersuchungen und Befragungen; schließlich wurde in den Jahren 1455/6 eine Vielzahl von Zeugen in Lothringen, Orleans, Paris und Rouen befragt. Erst dann konnte schließlich die feierliche Kassierung des Urteils von 1431 erfolgen.

Nach der Zusammenstellung der Prozessakten wurden im Jahre 1452 sieben der am Prozess von 1431 beteiligten Personen vernommen, besonders intensiv wurden die beiden Notare bzw. Gerichtsschreiber Manchon und Massieu befragt. In ihren Aussagen hoben sie die Fülle an Ungerechtigkeiten und Formfehlern im Verdammungsprozess hervor; insbesondere wiesen sie darauf hin, dass Jeanne keinen Rechtsbeistand gehabt und dass sich Loiselleur ihr Vertrauen erschlichen habe. Auch hätten die Beisitzer keine «volle Freiheit» gehabt, ihre Meinung zu äußern. «Ferner sagte er [Manchon], dass, wenn Mgr. de Beauvais [i. e. Cauchon] und den genannten Magistern etwas nicht gefiel, sie ihm verboten, es aufzuschreiben, indem sie sagten, es diene nicht dem Prozess» (Duby, S. 132). Aber Manchon beteuerte gleichwohl, er habe «immer nur nach seinem Verständnis und Gewissen geschrieben» (ebd.). In dieser Zeugenaussage wird das bereits oben diskutierte Problem jeder späteren Beschäftigung mit den Prozessakten deutlich, nämlich die Frage, ob und inwieweit die Akten des Verdammungsprozesses wirklich wiedergeben, was damals verhandelt wurde. Auch die anderen Zeugen dieser ersten Befragung von 1452, nämlich die «Bettelmönche» Isambard de la Pierre und Martin Ladvenu, beschworen in ihren Aussagen die Parteilichkeit der Richter von Rouen, während sie das echte Märtyrertum und einwandfrei christliche Sterben der Jungfrau hervorhoben. Auf ihren Schilderungen des Todes Johannas auf dem Scheiterhaufen beruhen noch heute viele Darstellungen, aber man kann sich des Eindrucks nicht erwehren – so schon Duby –, dass diese so klingen, als seien sie zeitgenössischen Traktaten «vom guten Sterben» entnommen:

«Ferner sagte er [Isambard] aus, dass besagte Jeanne an ihrem Ende so große Reue und schöne Buße zeigte, dass es ganz wunderbar war, indem sie so demütige, jammervolle und gläubige Worte sprach, dass die vielen, die sie sahen, heiße Tränen weinten, derart, dass sogar der Kardinal von England und mehrere andere Engländer weinen und Mitleid haben mussten.

Weiter sagte er, dass die beklagenswerte Frau ihn ersuchte und demütig bat, als er bei ihrem Ende bei ihr war, er solle in die nächste Kirche gehen und ihr das Kreuz bringen, um es ihr bis zur Schwelle des Todes hoch vor die Augen zu halten, damit das Kreuz, an dem Gott hing, fortwährend vor ihrem Blick bliebe, solange sie noch am Leben sei. Weiter sagt er, dass sie, als sie in den Flammen war, unaufhörlich bis zuletzt mit lauter Stimme den heiligen Namen Jesus rief und unablässig die Heiligen des Paradieses um Hilfe anflehte. Und noch als sie ihren Geist aufgab und ihr Haupt neigte, brachte sie den Namen Jesus hervor, zum Zeichen ihres innigen Glaubens an Gott, so wie wir es vom heiligen Ignatius und anderen Märtyrern lesen» (Duby, S. 139).

Es gab aber in dieser Voruntersuchung auch kritische Beurteilungen Jeanne d'Arcs. So erklärte der inzwischen mehr als 70-jährige Magister Jean Beaupère, der im Verdammungsprozess eine wichtige Rolle gespielt hatte, «bezüglich der Unschuld jener Jeanne, dass sie ziemlich spitzfindig war, von einer typisch weibischen Spitzfindigkeit» (Q 2, S. 21; falsche Übersetzung bei Duby).

Die zweite Etappe der Revision wurde 1452 von päpstlicher Seite eingeleitet. Der Kardinal Estouteville zog von Amts wegen die Angelegenheit an sich. Gemeinsam mit Bouillé und dem Inquisitor in Frankreich, Jean Bréhal, stellte er eine Fragenliste zusammen, die weiteren Zeugen in Rouen vorgelegt wurde. Die Ermittlungen waren bis zum 10. Mai 1452 abgeschlossen. Wichtig daran ist vor allem die Tatsache, dass nunmehr – wie auch sonst in Prozessen allgemein üblich – die Fragen gemäß einem klar definierten Schema gestellt wurden und somit die Zeugen nicht mehr «frei heraus» sondern formularmäßig Stellung beziehen mussten. Viele Antworten legen den Verdacht nahe, dass es Vor-Absprachen zwischen den Zeugen gegeben hat.

Etwas Wichtiges aber geschah in dieser zweiten Befragung, wie Duby bemerkt hat: Die erste Liste hatte 12 Fragen an die Zeugen enthalten, die ganz deutlich auf eine Hauptschuld des Bischofs Cauchon im Verdammungsprozess hinausliefen. In der wenig später vorgelegten erweiterten Liste von nunmehr 26 Fragen war nicht mehr Cauchon der Hauptbelastete, sondern es waren die englischen Prozessherren, die versucht hätten, den Inquisitionsprozess aus politischen Motiven zu beeinflussen und dafür auch die geistlichen Richter und die Beisitzer unter massiven Druck gesetzt hätten. Der Wortlaut des Artikels 26 zeigt diesen Umschwung: «All das oben gesagte haben die Engländer getan oder tun lassen, weil sie große Furcht hatten vor besagter Jeanne, die die Partei des Königs von Frankreich unterstützte, denn sie verabscheuten sie und verfolgten sie mit tödlichem Hass; und sie wollten auf diese Weise den sehr christlichen König entehren, weil dieser die Hilfe einer so verdammenswerten Frau genutzt hatte» (D 3, S. 185).

Nicht die Vertreter der Kirche waren also nunmehr schuld an den Fehlern des Inquisitionsprozesses, sondern die Engländer. Diese hätten Richter berufen, die kirchenrechtlich überhaupt nicht zuständig waren (Art. 21 ff). In dieser neuen Fragestellung war Bischof Cauchon nur mehr ein williger Handlanger. Interessanterweise fiel nun auch dem Predigerbruder Ladvenu etwas ein, was er in seiner ersten Befragung 1450 nicht gesagt hatte: Er selber habe Jeanne vor ihrem Tod «mit Erlaubnis der Richter (...) zur Beichte gehört und ihr die Heilige Kommunion gereicht», was ja eigentlich nicht statthaft war, wenn Jeanne tatsächlich eine rückfällige Ketzerin war. Jedenfalls wurden durch solche Aussagen die geistlichen Richter von Rouen, insbesondere Cauchon, stark entlastet. Folglich wurde der offiziellen Kirche eine Revision des Inquisitionsprozesses erleichtert, denn nunmehr trug nicht sie die Hauptschuld an den Verfahrensfehlern, sondern die Gewaltherrschaft der Engländer.

Aus der Befragung von 1452 ergaben sich auch interessante neue Erhellungen der Prozessumstände von 1431; auch in dieser standardisierten und absichtsvollen Fragestellung kamen deutliche Widersprüche zum Vorschein. Aber zufriedenstellend und weiterführend erschienen nur Aussagen wie diejenige des Bettelmönches Isambard: «Einige Beisitzer verfuhren wie der Bischof von Beauvais; andere, nämlich mehrere englische Doktoren, aus schwarzer Rache; andere Doktoren aus Paris, weil das Geld sie lockte; aber andere aus Angst, so der genannte Stellvertretende Inquisitor und mehrere andere, an die er sich nicht erinnert. Das geschah auf Veranlassung des Königs von England, des Kardinals von Winchester, des Grafen von Warwick und anderer Engländer, welche die Kosten dieses Prozesses zahlten» (Duby, S. 149).

Nach diesen Voruntersuchungen in Rouen war der Weg frei für den offiziellen Revisionsprozess. Wie schwer sich die Kirche damit tat, trotz aller politischen Änderungen und sachlichen Indizien ein kirchliches Urteil zu kassieren, zeigt allein schon die Formgebung der Revision. Das Revisionsbegehren wurde in einer dramatisch inszenierten Feierlichkeit in Notre Dame von Paris unter Anwesenheit des Hauptinquisitors Jean Bréhal und des Erzbischofs von Paris von Isabelle Romée, Jeannes Mutter, vorgebracht. Diese wies der Versammlung eine päpstliche Anordnung (*rescrit*) vor, in welcher «den versammelten Würdenträgern» empfohlen wurde, «der besagten Witwe und ihren Angehörigen weitergehende Gerechtigkeit zukommen zu lassen» (D 3, S. 15).

Im Wesentlichen bestand der nunmehr eröffnete Revisionsprozess aus einer im Jahre 1456 erfolgten erneuten und sehr umfänglichen Zeugenbefragung zunächst in Lothringen, dann in Orleans, Paris und Rouen.

Bei der Lothringer Untersuchung ging es um die Frage, ob die Voruntersuchungen von Bischof Cauchon im Jahre 1430 korrekt durchgeführt worden waren, bzw. ob die damals über das Leben und die Frömmigkeit der Jungfrau gewonnenen Erkenntnisse im Verdammungsprozess wahrheitsgemäß verwendet worden waren. Die Zeugenbefragung, formalisiert durch den Katalog von nicht weniger als 101 Fragen, hat ebenso viel Stereotypes und Absichtsvolles erbracht wie offensichtlich zuverlässige und historisch nutzbare Erinnerung, wovon ja auch in dieser Darstellung Gebrauch gemacht worden ist. Wichtig bei dieser Befragung war vor allem die Geschichte des «Feenbaums» in Domrémy und die Frage, ob Jeanne sich dort «magischen» Gebräuchen und Handlungen angeschlossen hatte. Weiterhin wurde hier ihre «Sendung» diskutiert, vor allem ihr Aufbruch nach Vaucouleurs, sowie ihr Verhalten gegenüber Baudricourt bis zur Entsendung zum Königshof nach Chinon.

Im Frühjahr 1456 wurden weitere 41 Personen in Orleans befragt. Diesmal ging es um die Umstände der Belagerung von Orleans durch die Engländer und um die Frage, ob die Befreiung durch die Jungfrau als ein Wunder zu bezeichnen war. Während uns all diese Aussagen nur in lateinischer Übersetzung aus dem gesprochenen Mittelfranzösisch vorliegen, manchmal allerdings pointiert durch umgangssprachliche Zitate, ist die wichtigste Aussage bei dieser Befragung zur Gänze in französischer Sprache erhalten geblieben. Es handelt sich um die umfänglichen und facettenreichen Erinnerungen von Jean d'Aulon, der 1429 vom König zum persönlichen Begleiter Johannas bestellt worden war und die Jungfrau bis Compiègne begleitet hatte. Aulon gab nicht nur eine sehr detailreiche und farbenfrohe Schilderung der Kriegstaten Johannes bei der Entsetzung von Orleans und späterhin, sondern vermittelt auch ein plastisches Bild ihrer Persönlichkeit:

«Und er sagt, dass alle Taten besagter Pucelle ihm göttlich und wunderbar erschienen und dass es unmöglich für eine solche Jungfrau war, derartige Werke zu vollbringen ohne den Willen und die Fügung unseres Herrn. (...) Weiter sagt er, dass er, obgleich sie ein junges Mädchen war, schön und wohlgestaltet, und er manches Mal, wenn er ihr in die Rüstung half und sonst, ihre Brüste gesehen hat und gelegentlich ihre nackten Beine, wenn er ihre Wunden verband, und ihr häufig nahe war, und obgleich er jung und stark war und in voller Manneskraft, dass er dennoch niemals, wie immer er die Jungfrau sah oder berührte, von einer fleischlichen Begierde nach ihr ergriffen wurde. Ebenso erging es allen Leuten und Knappen, wie er diese mehrmals hat sagen hören (...)» (Duby, S. 159).

Bei den abschließenden Befragungen in Paris und Rouen ging es wiederum um die Frage, ob das Gericht von Rouen wirklich noch einmal (wie bereits in Poitiers geschehen) Jeannes Jungfräulichkeit überprüft hatte. Und da mehrere Zeugen dies bestätigten – so wie Beaupère, der ja andererseits Jeanne als «ziemlich spitzfindig» empfunden hatte – so stand auch in dieser Hinsicht schließlich eine schwere Verfehlung des Gerichts von 1431 fest: Man hätte eine Jungfrau nicht in Männergewahrsam lassen dürfen, weil sie dadurch quasi gezwungen worden war, nach der Abschwörung wieder Männerkleidung anzulegen, um sich besser vor Zudringlichkeiten ihrer Wärter zu schützen.

In dieser letzten Erhebung wurde zudem versucht zu klären, wie es zu den 12 Anklageartikeln gekommen war und welche Personen an der Zusammenstellung der falschen Anschuldigungen beteiligt gewesen waren; schließlich auch, wie es den Richtern und ihren Beisitzern nach dem Prozess ergangen war.

Diesbezüglich wusste der Notar Guillaume Colles «mit Bestimmtheit, dass die Richter und die am Prozess Beteiligten sich in den Augen des Volkes mit Schande bedeckten, denn als Jeanne verbrannt worden war, zeigten die Leute mit Fingern auf sie und wandten sich mit Abscheu von ihnen ab. Und ihm wurde versichert, dass alle, die für Jeannes Tod verantwortlich waren, einen scheußlichen Tod starben: Zum Beispiel wurde Magister Nicolas Midi wenige Tage später von der Lepra befallen, und der Bischof starb plötzlich, als er sich den Bart scheren ließ» (Duby, S. 168).

Sehr wichtig war für das Revisionsgericht – und für die Heiligsprechung von 1920 – die Frage, ob Jeanne tatsächlich abgeschworen hatte. Auf diese Frage ist oben bei der Schilderung des Verdammungsprozess schon eingegangen worden. Festzuhalten bleibt hier, dass nach Aussagen mehrerer Zeugen das in den Akten des Verdammungsprozesses vorhandene ausführliche Abschwörungsprotokoll keinesfalls identisch sein konnte mit der «kurzen Formel», die Jeanne auf dem Friedhof von Saint Ouen vorgelesen worden war. In dieser offensichtlichen Verfälschung der Abschwörung lag schließlich auch ein entscheidender Revisionsgrund.

Nachdem alle Zeugen gehört worden waren, wurden noch Gutachten von Juristen und Theologen beigebracht. Alle diese Unterlagen wurden dann durch Jean Bréhal, führender Kirchenrechtler und Mitglied der Inquisition, in einer sogenannten «Zusammenfassung» (*recollectio*) gebündelt und kommentiert. Bréhal kam zu dem Schluss, «dass der Prozess in der Sache wie in der Form, desgleichen das Urteil gegen jene Pucelle eine offenkundige Ungerechtigkeit enthalte»(Duby, S. 180).

Am 7. Juli 1456 wurde das Revisionsurteil feierlich im erzbischöflichen Palais zu Rouen verkündet. Die Anklageschrift von 1431 wurde kassiert und die betreffende Urkunde «als falsch und lügnerisch» zerrissen. Das Urteil wurde als «befleckt von Arglist, Verleumdung, Unrecht, Widersprüchen» aufgehoben. «Wir erklären, dass besagte Jeanne, deren Verteidiger und Eltern (...) keinerlei Schimpf noch Makel auf sich gezogen haben; dass sie entlastet und gereinigt werden sollen, und wir waschen sie, soweit es nötig ist, völlig rein. Wir verfügen, dass die Ausführung oder feierliche Bekanntgabe unseres Urteils unverzüglich an zwei Orten dieser Stadt vorgenommen wird: Die eine auf dem Platz von Saint Ouen, nach vorausgegangener Prozession und in Verbindung mit einer allgemeinen Predigt, die andere morgen auf dem Altmarkt, das heißt an der Stelle, wo besagte Jeanne grausam und schrecklich verbrannt wurde; gleichzeitig soll eine feierliche Predigt gehalten und ein ehrenvolles Kreuz errichtet werden, um das Gedenken an sie zu verewigen (...)» (Duby, S. 182, Übersetzung korrigiert).

Nachleben

Hatte Jeanne d'Arc zu ihren Lebzeiten Bewunderung oder Hass auf sich gezogen, so gerieten die militärischen und politischen Wundertaten der Jungfrau nach ihrem Tod allmählich in Vergessenheit. In dem Maße, wie die französische Monarchie seit dem 16. Jahrhundert «absolut» wurde, war für die Retterin höchstens noch eine dienende Rolle denkbar. Einige Autoren beklagten diese Entwicklung, wie z. B. der humanistische Rechtsgelehrte Etienne Pasquier in seinen «Recherches de la France» von 1580, eine der ersten quellenkritischen Nationalgeschichten. Pasquier hatte eine Abschrift der inzwischen nahezu in Vergessenheit geratenen Prozessakten lesen können und schlussfolgerte, dass die französische Monarchie «ganz darniederlag und untergegangen wäre, wäre sie nicht gekommen».

Auch wenn im «Grand Siècle» der französischen Monarchie einige ernsthafte Historiker sich weiterhin um ein quellentreues Bild der Jungfrau und ihrer Taten bemühten – hierzu diente auch die weitverbreitete Edition zeitgenössischer Chroniken in Denis Godefroys «Histoire de Charles VII» – wurde die Individualität der Jungfrau und ihrer «Sendung» doch durch die massiv einsetzende royalistische Geschichtsschreibung zum Ruhm der Könige Frankreichs zugedeckt. Wenn von Jeanne d'Arc im 17. Jahrhundert überhaupt noch die Rede war, dann nur noch in zwei Varianten: Entweder hatte Gott sie geschickt, um durch ihre Wundertaten die Monarchie zu erhöhen und zu zeigen, wie «gottgewollt» das französische Königtum war. Oder ihre Sendung war – so die ironisch-aufklärerische Variante – ein «Trick» der Adeligen und des Königs, die das naive Volk glauben machen wollten, Gott habe Wunder für die Monarchie vollbracht. Das berühmteste Beispiel für diese Auffassung ist Voltaires «La Pucelle» von 1762, die während des 18. Jahrhunderts vielfach neu aufgelegt wurde und wovon auch schlichtweg pornographische

Varianten zirkulierten. In dieser Darstellung trieb Voltaire die Kritik des «barbarischen» Mittelalters auf die Spitze und machte Jeanne d'Arc, von der er in anderen Texten durchaus hochachtungsvoll gesprochen hatte, zum Objekt der politischen und militärischen Spielereien einer korrupten Hofgesellschaft.

Erst als mit der Revolution und Napoleon die Idee der absoluten Monarchie durch die selbstbestimmte und triumphierende Nation ersetzt wurde, konnte Jeanne d'Arc auf eine neue Weise erinnert und zu dem werden, was sie dann mehr als ein Jahrhundert lang geblieben ist: Eine Gestalt, die ein wichtiger Baustein nationaler Identität war. Napoleon erkannte, dass die Jungfrau geeignet war, das Nationalbewusstsein der Franzosen zu stärken. In allen französischen Archiven ließ er Akten zur Geschichte Jeanne d'Arcs recherchieren. In seiner diesbezüglichen Anordnung hieß es: «(...) die berühmte Jeanne d'Arc hat bewiesen, dass es kein Wunder gibt, das der französische Genius nicht zu vollbringen vermöchte, wenn die nationale Unabhängigkeit gefährdet ist».

War damit die «nationale Bedeutung» Jeanne d'Arcs festgelegt, so wurde ihre Verehrung durch die «romantische Wende» der 1820er und 1830er Jahre entscheidend verstärkt. Interessanterweise ist der Einfluß Friedrich Schillers und seiner «Jungfrau von Orleans» hierbei nicht gering einzuschätzen. Schillers «romantische Tragödie» war explizit eine Antwort auf die Niederträchtigkeiten der «Pucelle» von Voltaire. Im Jahre 1802 uraufgeführt, wurde dieses Stück bis in die 1850er Jahre auch in Frankreich in vielen verschiedenen Inszenierungen gespielt. Es entsprach zwar kaum den historischen Tatsachen (Johanna stirbt bei Schiller auf dem Schlachtfeld), war aber dem neuen Interesse an individuellen Heldenschicksalen und nationaler Größe verpflichtet. Als romantische Heldin trat Jeanne damit erstmals aus dem Schatten des Gottesgnadentums heraus.

So wurde Jeanne d'Arc bald zunehmend eine lebendige historische Heldin, wozu selbstverständlich auch die Tatsache beitrug, dass immer mehr Quellen zu ihrem Leben publiziert wurden. Ganz im Sinne romantischer Identifizierung entstand das farbenprächtige Bild einer Heldin, die, von ihren Stimmen angetrieben,

Wunderbares vollbracht hatte; dass sie zudem ein Mädchen aus dem Volk war, welches als tragische Gestalt von den Mächtigen geopfert wurde, erhöhte ihre Popularität. Für die politisierenden Schriftsteller und Historiker der «romantischen Generation» wurde Jeanne d'Arc geradezu zum Sinnbild des *peuple*, des einfachen Volkes: Die Nation, deren Selbstbefreiung in der Revolution von 1789 kulminierte, war nach dieser Auffassung aus dem Volk selbst heraus geboren, und dieses wiederum findet sich repräsentiert in einzelnen großen Gestalten. Beispielhaft für dieses Denken ist die Darstellung des linksorientierten Publizisten Augustin Thierry, dessen Werk ein flammender Protest gegen die seit 1814 einsetzende «Restauration» und Wiederherstellung eines vorgeblich gottgesandten Königtums war:

«Woher kam die Rettung, welche die Engländer vertrieb und Charles VII seinen Thron wiedergab, als alles schon verloren schien? (...) War es nicht ein Aufschwung von patriotischem Fanatismus in den Reihen der armen Gedungenen sowie der Stadt- und Dorfmilizen? Der religiöse Anstrich, den diese glorreiche Revolution annahm, war äußerlich; sie war deutlichstes Zeichen für die Inspiriertheit des Volkes».

Jules Michelet, der bis heute einflussreichste französische Nationalhistoriker, hat wohl am meisten dazu beigetragen, den Mythos von Jeanne d'Arc als Vorkämpferin der nationalen Befreiung und schließlich als Personifizierung der aus dem Volk erwachsenden Nation in die *mémoire collective* einzubringen. Berühmt geworden ist vor allem folgende Aussage:

«(...) die frommen Tränen der Jungfrau brachten die Wiederherstellung Frankreichs. (...) Auf dem Scheiterhaufen von Rouen endete das Mittelalter und begann die Neuzeit. Jeanne d'Arc ist die letzte Märtyrerin und zugleich die erste Patriotin. Im Jahre 1431 ist das französische Volk aus den Windeln heraus, und die erste Erziehungsarbeit ist geleistet. Und so wird das Volk immer kraftvoller bis hin zu dem Tage, da es als Herr seiner Rechte seine Macht proklamiert (...)».

Die national-romantische Identifikation mit Jeanne d'Arc, welche die liberalen und republikanischen Publizisten ergriff, hatte einen stark antimonarchischen und populistisch-demokratischen Anstrich. Beispielhaft sei aus der «Geschichte Frankreichs» von Théophile Lavallée zitiert, die – heute vergessen – zwischen den 1840er und 1880er Jahren immer wieder neu aufgelegt wurde und als durchaus symptomatisch für den damaligen Zeitgeist gelten kann. Danach war Jeanne d'Arc «die Verkörperung Frankreichs»; sie hatte «im Volk das heilige Feuer entzündet; sie hatte es Leid, Hingabe und den Tod für das Vaterland gelehrt. (...) Dieses Epos von 15 Monaten kann man kaum erzählen, (...) ohne sich empört aufzulehnen gegen jene Herren, die sie verrieten, jenen König, der sie im Stich ließ».

So war Jeanne d'Arc um die Mitte des 19. Jahrhunderts eine Identifikationsfigur vor allem der republikanischen Kräfte, eine «Erfindung der Demokratie», wie es Maurice Barrès, der führende Kopf des Jahrhundertwende-Nationalismus, pointiert formuliert hat.

Es begann gleichzeitig aber auch eine gegenläufige Entwicklung, die dazu führte, dass Jeanne d'Arc auch von den «nationalen» Katholiken als Kultfigur entdeckt wurde. War der frühere Katholizismus vor allem monarchistisch und konservativ gesinnt gewesen – Jeanne wurde nur als «Dienerin des Königs» wahrgenommen –, so änderte sich diese Sichtweise, als seit den 1840er Jahren das Gottesgnadentum der Monarchie immer stärker in Vergessenheit geriet. Nun konnte die populäre Heldin auch «national» denkende und eher konservativ eingestellte Katholiken begeistern. Protagonist dieser neuerlichen Vereinnahmung wurde Mgr. Félix Dupanloup, seit 1849 Bischof von Orleans. Rastlos widmete er sich der Neubestimmung Jeanne d'Arcs als eigentlich katholischer Heldin, deren unbedingtes Gottvertrauen und offensichtliche Sendung durch Gott sie sogar als Heilige im kanonischen Sinne erscheinen lassen könnte. Auch diese Auffassung lässt wichtige deutsche Einflüsse erkennen. Bereits in den 1830er Jahren hatte Guido Görres, Sohn des berühmten katholischen Publizisten Joseph Görres, eine «Johanna von Orleans» verfasst, in der Jeanne ganz ohne Bezugnahme auf die Gottesgnaden-Monarchie als Frau aus dem Volk mit göttlichem Auftrag agierte. Für Görres war dies ein wundersames Zeichen, dass Gottes Wege unerforschlich sind und er auch ein einfaches Mädchen dazu ausersehen kann, Throne zu stürzen und Nationen zu bilden. Wenn es Gott beliebt, so Görres, kann ein Schilfhalm eine Eiche fällen. Görres' «Johanna» war seit den 1840er Jahren in mehreren französischen Ausgaben zugänglich, und Bischof Dupanloup bezog seine Kenntnis der Geschichte Jeanne d'Arcs ganz überwiegend aus diesem Buch. Auch übernahm er Görres' These einer möglichen Heiligkeit Jeanne d'Arcs im kanonischen Sinne. Mit Unterstützung aller französischen Bischöfe brachte er schließlich im Jahre 1867 sogar ein formelles Heiligsprechungsbegehren vor den Heiligen Stuhl. Sein Begründungsschreiben an Papst Pius IX. spiegelt exemplarisch die Verbindung von Heiligkeitserwägung und nationalpolitischen Absichten: «Wenn der Heilige Stuhl sich [zur Heiligsprechung] entschließen könnte, so wäre das eine glänzende Bestätigung der heute so wenig verstandenen und doch so wesentlichen Wahrheit, dass sich die christlichen Tugenden wunderbar mit bürgerlichen patriotischen Tugenden vereinen können». Viele Menschen, die sich von der Kirche entfernt hätten, könnten so «die christliche Heiligkeit in den Tugenden wiederfinden, die sie bewundern». Durch die Heiligsprechung Jeanne d'Arcs würde der Heilige Stuhl in Frankreich und in der Welt sicherlich an Popularität gewinnen. Pius IX. leitete tatsächlich im Jahre 1869 den Heiligsprechungsprozess ein. 1894 wurde Jeanne als *venerabilis* («ehrwürdig»; die erste Stufe der Heiligsprechung) dekretiert, 1909 folgte die Seligsprechung und 1920 schließlich – nach einigen Verzögerungen – die Heiligsprechung.

Für die Geschichte des Jeanne-Kults ergab sich aus der Aneignung der Heldin durch die katholische Kirche eine neue Polarität. Über nahezu 50 Jahre stritten sich die Linke und die Rechte in Frankreich um sie. Für die Linke in Parlament und Öffentlichkeit blieb sie das, was die romantische Historiographie der 1830er bis 1850er Jahre aus ihr gemacht hatte: Ein einfaches Mädchen aus dem Volk, dessen innerer Elan es dazu befähigt hatte, Wundertaten zur Befreiung Frankreichs zu vollbringen und zur Schaffung der französischen Nation beizutragen. Da dieses Mädchen angeblich von den Mächtigen und der katholischen Kirche verraten, verfolgt und verbrannt worden war, wurde Jeanne in den letzten drei Jahrzehnten des 19. Jahrhunderts – als es in Frankreich um die Durchsetzung der «laizistischen» Republik ging – als Bannerträgerin des antiklerikalen Republikanismus instrumentalisiert. Auch gab es eine Analogie zum Heiligsprechungsvorstoß: 1880 stimmte die linksrepublikanische Mehrheit in der Abgeordnetenkammer für die Einführung eines Jeanne d'Arc-Nationalfeiertags. Das Projekt versandete zunächst zwischen den Kommissionen und im Senat, wurde dann aber nahezu gleichzeitig mit der Kanonisierung schließlich doch noch durchgeführt. Seit 1921 ist der zweite Sonntag im Mai Jeanne d'Arc-Feiertag, was allerdings heute nur noch die Experten wissen. Gefeiert wird dagegen unter großer Anteilnahme der Bevölkerung von Orleans am 8. Mai, dem Jahrestag der Befreiung eben dieser Stadt. Und seit einigen Jahren hat sich die extreme Rechte unter Le Pen darauf verlegt, ihren Aufmarsch «zu Ehren» Jeanne d'Arcs auf den 1. Mai zu verlegen, den Feiertag der Arbeiterbewegung.

Insgesamt läßt sich also feststellen, dass Jeanne d'Arc in den «Kampfjahren der Republik» sowohl von der Linken als auch von der Rechten als Bannerträgerin beansprucht wurde. Gegen diese innenpolitisch und ideologisch motivierte Polarisierung wehrte sich das liberal-republikanische Zentrum und wurde nicht müde zu betonen, dass Jeanne d'Arc als Verkörperung des französischen Patriotismus oberhalb des Parteienstreits stehen müsse. Dies allerdings ist nie gelungen. Jeanne wurde beispielsweise im Ersten Weltkrieg keineswegs zur Heldin der *Union Sacrée*. Ihre Geschichte und die emotional stark aufgeladene Erinnerung an ihre Taten blieben stets eingebunden in parteiliche Aneignung und Instrumentalisierung zu innenpolitischen Zwecken aller Art. Vermutlich war die Intensität dieses Streits sogar der Grund dafür, dass die Erinnerung an die Jungfrau von Orleans sich so lange lebendig erhalten hat.

Bis zum Ersten Weltkrieg war Jeanne d'Arc somit eine echte Identifikationsfigur. Nach der Kanonisierung und der Einrichtung des Nationalfeiertags änderte sich dies. Jeanne ließ sich für den extremen Nationalismus der 1920er und 1930er Jahre sehr viel weniger stark instrumentalisieren als für die Nationalbewegung des 19. Jahrhunderts. Die ausgeprägte Individualität ihres Charakters, ihre im Grunde immer selbstbestimmte Gläubigkeit («meine Stimmen»), ihre permanente Auseinandersetzung mit geistlichen und weltlichen Machthabern machten es schwer, sie zum Sinnbild einer autoritären Ideologie umzuformen. Spürbar wird das etwa in den gescheiterten Versuchen des Vichy-Regimes, die Nationalheldin zur Bannerträgerin seiner reaktionären Ideologie zu machen. Zwischen 1940 und 1944 versuchten die Vichy-Ideologen, Jeanne d'Arc als Verkörperung von Gehorsam und Tradition zu verklären, als Vorbild auch für das damalige Frankreich, welches – nach Pétains Auffassung – genau wie die Jungfrau «die Notwendigkeit verstanden hat, sich hinter einen Führer zu stellen und den Trugbildern des Auslandes zu entsagen».

Diese Propaganda fand aber keineswegs die erhoffte Akzeptanz in der Bevölkerung. Dies galt schon eher für die Variante de Gaulles und der französischen Résistance: Jeanne d'Arc als Befreierin Frankreichs von illegitimer und fremder Herrschaft hatte eine deutlich größere Überzeugungskraft als das Bemühen Vichys, sie zur gottesfürchtigen Monarchistin oder gar zur dezidierten Antisemitin werden zu lassen.

Interessant ist die Tatsache, dass nach dem Ersten Weltkrieg, als Jeanne d'Arc kein wirklicher Gegenstand des politischen Streits mehr war, sie – erstmals seit Schiller – wieder als Figur der Weltliteratur Geltung fand. George Bernard Shaws ebenso sympathisch-einfühlende wie bitter-ironische «Joan of Arc» aus dem Jahre 1923 ist heute noch ein lesenswertes Stück dichterischer Reflexion über die Macht des freien Denkens und die Vernichtung individueller Größe durch die Bürokratie des verordneten Heils. War Jeanne bei Shaw die «erste Protestantin», so hat Bertolt Brecht es in seinen verschiedenen Adaptierungen des Jeanne-Stoffes zur sozialkritischen Parabel (Die heilige Johanna der Schlachthöfe, Die Gesichter der Simone Marchand, Der Prozess der Jeanne d'Arc zu Rouen) besonders auf das Problem von Herrschaft und Glauben, von individuellem Protest und gesellschaftlichen Zwängen abgesehen. Die Tatsache, dass letzteres Werk über weite Strecken wörtlich aus den Akten des Verdammungsprozesses von 1431 zitiert, mag als Zeugnis dafür dienen, wie lebendig Jeanne bis heute durch ihre Prozess-Aussagen wirkt.

Bereits seit den 1900er Jahren fand Jeanne d'Arc auch Eingang in das damals noch neue Medium Film. Zwischen 1898 und 1928 gab es bereits sechs Jeanne-Filme. 1928 entstand der Stummfilm «La Passion de Jeanne d'Arc» des dänischen Regisseurs Carl Theodor Dreyer, dessen komplette Version erst vor wenigen Jahren wieder aufgetaucht ist bzw. rekonstruiert wurde. Dieses Werk hat einen bleibenden Einfluss gehabt, vermutlich noch stärker als Otto Premingers «St. Joan» von 1957 (mit Jean Seberg) oder Victor Flemings «Joan of Arc» von 1948 (mit der allzu pathetisch leidenden und überrüsteten Ingrid Bergman). In den letzten Jahren ist wieder versucht worden, das Thema filmisch zu erneuern. Rivettes «Jeanne la Pucelle» (1994) brachte zwar eine einzigartig dichte Atmosphäre, etwa wie Jeanne mit ihren Vertrauten umgeht oder – eine gewagte Interpretation – wie sich die Heldin vom einfachen Bauernmädchen zu einer bisweilen recht hochmütigen Feldherrin entwickelt. Das Defizit dieser Interpretation aber liegt darin, dass mangels hinreichender Finanzmittel die notwendigen Massenszenen nicht adäquat umgesetzt werden konnten. Letzteres hat der jüngste und sehr ernsthafte Versuch, das Thema zu gestalten, Bessons «Jeanne d'Arc» von 1999, hervorragend geleistet. Aber auch dieser Film wird keinen Bestand haben, geht er doch allzu sorglos mit den historischen Quellen um. So erfindet Besson etwa ein schlechtes Gewissen Jeanne d'Arcs und macht albernerweise aus ihrem Ankläger, dem Bischof Cauchon, einen ihr gegenüber recht liebevoll eingestellten Geistlichen. Von der bislang letzten Realisierung, einer Fernsehproduktion von 1999 über «die Frau des Jahrtausends», ist außer der realistischen Kulisse (in Rumänien gibt es offensichtlich heute noch Landschaften, Straßen und Dörfer, die aussehen wie zu Jeannes Zeiten) nur der Titel zutreffend. In gewisser Weise war Jeanne d'Arc tatsächlich die Frau des Jahrtausends, denn es gibt keine andere historisch belegte Frauengestalt, die noch nahezu 600 Jahre nach ihrem Tod im kulturellen Gedächtnis der Menschheit so lebendig geblieben ist.

Chronologie

ca. 1412	Geburt «Jeannettes» als Tochter von Isabelle Romée und Jacques Darc in Domrémy
1419	10.9.: Montereau, Ermordung des Burgunderfürsten Johann Ohnefurcht (Jean Sans Peur) unter Beteiligung des Thronfolgers Charles
1420	21.5.: Vertrag von Troyes zwischen England und Burgund: Enterbung des Thronfolgers Charles und Einsetzung einer englischen Regentschaft; Beginn der sog. «Doppelmonarchie»
1422	Tod des Königs Charles VI
1423	17.4.: englisch-burgundischer «Vertrag von Amiens»
ca. 1425	Jeanne d'Arc hört zum ersten Mal Stimmen
1425	Oktober: Bemühungen um Versöhnung zwischen Orleans und Burgund
1428	Mai–Juni: englische Einfälle in Lothringen, Vaucouleurs wird bedroht, die Einwohner von Domrémy flüchten nach Neufchâteau
	Mitte Mai: Jeanne d'Arc begibt sich zum ersten Mal nach Vaucouleurs, um mit dem Hauptmann Baudricourt zu sprechen
	Oktober: Beginn der englischen Belagerung von Orleans
	Anfang Dezember: Jeanne zum zweiten Mal in Vaucouleurs
1429	12.2.: «Heringstag» – die Engländer verhindern einen Lebensmitteltransport in das von ihnen belagerte Orleans; wenig später ist Baudricourt bereit, mit Jeanne zu sprechen
	ca. 13.2.: Jeanne verlässt Vaucouleurs mit Eskorte, um zum Dauphin Charles nach Chinon zu reiten
	24.2.: Ankunft des Trupps in Chinon
	6.3.: Unterredung mit dem Dauphin Charles
	ab 11.3.: Untersuchungen von Poitiers
	22.3.: Jeannes «Brief an die Engländer»
	Anfang April: Jeanne in Tours, wo sie Rüstung und Fahne erhält
	17.4.: Burgund beendet die Beteiligung an der Belagerung von Orleans
	21.4.: Jeanne in Tours, wo sie zum königlichen Heer und dem Konvoi mit Lebensmitteln für Orleans stößt
	30.4.: Jeanne trifft in Orleans ein
	4.–8.5.: Kämpfe um die englischen Besatzungsforts im Umkreis der Stadt
	8.5.: Die Engländer ziehen sich von Orleans zurück

11./12.6.: Eroberung von Jargeau
18.6. : Schlacht von Patay
Ende Juni: Jeanne lässt den Herzog von Burgund zur Teilnahme an der Königskrönung in Reims einladen
10.7.: Der Herzog von Burgund trifft in Paris ein, wo er gemeinsam mit dem englischen Statthalter Bedford beginn, die Verteidigung von Paris vorzubereiten
10.7.: Jeanne und der König reiten in Troyes ein
Vor dem 16.7.: Unterhandlungen von Beratern des Königs mit burgundischen Abgesandten
16.–21.7.: Reims; 17.7.: Die Königskrönung; Jeannes Brief anden Burgunderfürsten mit der Aufforderung, Frieden zu schließen
5.8.: Jeanne schreibt nach Reims, dass sie mit dem zwischen dem König und Burgund geschlossenen Waffenstillstandsvertrag von 14 Tagen nicht einverstanden sei
1.8.–26.8.: Der Weg nach Paris: 15.8.: die Konfrontation mit den Engländern vor Montépilloy; 26.8.: Ankunft in Saint Denis vor Paris; zwischenzeitlich entsendet der König eine Delegation nach Arras; am 16.8. übermittelt er dem Burgunder Friedensvorschläge; 28.8.: Regional begrenzter, Paris nicht einschließender, Waffenstillstand zwischen dem König und Burgund; inzwischen ist am 15.8. der Herzog von Burgund von Bedford zum Statthalter von Paris ernannt worden
8.9.: Fehlschlag des Angriffs Jeanne d'Arcs und des Königsheeres auf Paris
9.9.: Rückkehr nach Saint Denis
ab 12.9.: Rückzug des Königsheeres an die Loire
21.9.: Verabschiedung des Heeres in Gien sur Loire
Ab Ende September: Vorbereitung des Angriffs auf La Charité sur Loire
4.11.: Unterwerfung von Saint Pierre Le Moûtier
Anschließend: Aufbruch zur Belagerung von La Charité; Abbruch des Unternehmens um den 20.12.
18.12.: Verlängerung des regional begrenzten Waffenstillstands zwischen Burgund und dem König; mehrfache weitere Verlängerungen bis 15.3.1430; dann Kündigung der Vereinbarungen durch Burgund

1430 Mitte Januar: Jeanne in Orleans, von Bourges kommend
März: Jeanne in Sully sur Loire und Lagny
22.4. bis 12.5.: Kleinere Kämpfe um Melun, Crépy en Valois und Soissons
14.5.: Jeanne triff in Compiègne ein
23.5.: Gefangennahme bei einem Ausfall aus der Stadt
26.5. bis 10.7.: Aufenthalt in der Burg von Beaulieu bei der Stadt Nangis

11.7. bis Anfang November: Unterbringung der Gefangenen im Schloss von Beaurevoir; Fluchtversuch
9.11. bis 23.12.: Überführung der Gefangenen nach Rouen, mit Stationen in Arras, Le Crotoy, Saint-Valéry sur Somme
1431 9.1.: Beginn des Inquisitionsprozesses
21.2.: Beginn des Verhörs
22.2.–3.3.: Öffentliche Sitzungen
10.3.–17.3.: Prozessverhandlungen werden im Gefängnis abgehalten
27.3.–31.3.: Die 70 Anklageartikel werden verlesen und von Jeanne beantwortet; nochmalige Aufforderung, sich der *ecclesia militans* zu unterwerfen
2.4.–5.4.: Erstellung der 12 definitiven Anklageartikel
2.5.: Öffentliche Ermahnung
23.5.: Verlesung der Anklage und neuerliche Ermahnung
24.5.: Öffentliche Mahnpredigt auf dem Friedhof von Saint Ouen und Abschwörung von Jeanne
28.5.: Wegen Wiederanlegen von Männerkleidung wird der Rückfall-Prozess eröffnet
30.5.: Verlesung des Urteils und Hinrichtung auf dem Scheiterhaufen auf dem Altmarkt vor der Kathedrale von Rouen

Kommentierte Auswahlbibliographie

Zur Zitierweise: Es werden nur Zitate aus zeitgenössischen Quellen, insbesondere aus den Prozessakten, belegt, und zwar mit folgenden Sigeln:

Duby = Georges und Andrée Duby, Die Prozesse der Jeanne d'Arc, Berlin 1999.
Q = Jules Quicherat, Procès de condamnation et de réhabilitation de Jeanne d'Arc, 5 Bände, Paris 1844–1849.
T = Pierre Tisset/Yvonne Lanhers, Procès de Condamnation de Jeanne d'Arc, 3 Bde. Paris, 1960 ff.
D = Pierre Duparc, Procès en Nullité de la condamnation de Jeanne d'Arc, 5 Bde. Paris, 1977 ff.
bourgeois = die deutsche Übersetzung des zeitgenössischen «Journal d'un bourgeois de Paris»: Leben in Paris im Hundertjährigen Krieg. Ein Tagebuch, Frankfurt 1992.

Die folgende Übersicht richtet sich an «Einsteiger» und verzichtet absichtlich auf viele nur noch für Spezialisten zugängliche ältere Forschungsliteratur.

Einen hervorragenden Überblick über die französische Geschichte des Mittelalters bietet: Joachim Ehlers, Heribert Müller und Bernd Schneidmüller (Hg.), Die französischen Könige des Mittelalters, München, C. H. Beck 1996. Zum Rahmengeschehen im Zeitalter Jeanne d'Arcs informieren bestens die Beiträge von Heribert Müller über Karl VI. und Karl VII. (mit kommentierter Bibliographie).

Eine nicht komplette aber zuverlässige Spezialbibliographie mit Verzeichnis aller Jeanne d'Arc-Quellen und der wichtigsten älteren Literatur, in der sich auch alle «klassischen» Editionen der Jeanne d'Arc-Prozesse (Quicherat, Champion, Tisset, Duparc u. a.) finden:

Nadia Margolis, Joan of Arc in History, Literature and Film, New-York/London 1990.

Das wichtigste Dokument zur Geschichte von Jeanne d'Arc, die Protokolle des Verdammungs- und des Rehabilitationsprozesses, sind in einer weitgehend überzeugenden gekürzten Edition in deutscher Übersetzung als Taschenbuch leicht erhältlich:

Georges und Andrée Duby (Hg.), Die Prozesse der Jeanne d'Arc, Berlin 1973 (3. Aufl. 1999) (=Wagenbachs Taschenbuch 350).

Dahingegen kann zur Benutzung der verbreiteten Ausgabe der Prozesse von: Ruth Schirmer-Imhoff, Der Prozess Jeanne d'Arc, München 1978 u. ö. (dtv-Dokumente) nicht geraten werden, da die gesamten Verhöre aus der indirekten Rede in die direkte Rede übertragen worden sind.

Dasselbe Problem der wissenschaftlich unzulässigen «Verlebendigung» der Prozessaussagen stellt sich auch bei Régine Pernoud, deren Veröffentlichungen zu diesem Thema das heutige Wissen um Jeanne d'Arc vielfach bestimmen. Pernoud ist sehr gut lesbar und vermittelt auch viel Hintergrundwissen. Ihr Werk ist geprägt von einem leidenschaftlichen Eintreten für Jeanne und vom Kampf gegen alle ihre damaligen und heutigen Gegner von einem dezidiert katholischen Standpunkt aus.

In deutscher Sprache vorhanden:

Régine Pernoud/Marie-Véronique Clin: Johanna von Orleans – Der Mensch und die Legende, Bergisch Gladbach, Bastei Lübbe 1991, 2. Aufl. 1994.

Régine Pernoud, Jeanne d'Arc. Zeugnisse und Selbstzeugnisse, Freiburg/Basel/Wien 1965.

An aktuellen Biografien sind besonders erwähnenswert:

Colette Beaune, Jeanne d'Arc, Paris 2003. Sicherlich die bestinformierte Studie über Mentalitäten und Religiosität der damaligen Zeit, allerdings lückenhaft im Hinblick auf die konkreten Begebenheiten der Jahre 1429–1431; leider bislang nur auf französisch veröffentlicht.

Jacques Cordier, Jeanne d'Arc, Augsburg 1996 (franz. 1948). Eine vor dezidierten Urteilen nicht zurückschreckende, sehr quellennahe Gesamtstudie, störend allerdings der hyperkritische Duktus, u. a. das Bemühen, Jeannes Stimmen und Visionen als «Halluzinationen» zu entlarven.

Edward Lucie Smith, Johanna von Orleans. Eine Biographie, Düsseldorf 1977. Ebenfalls sehr gut informiert und quellennah, mit brauchbaren Karten und Bildern, v. a. die Schlachten sind realitätsnah geschildert. Abzulehnen allerdings seine psychologisierende Interpretation und hyperkritische Haltung gegenüber Jeanne, der er immer wieder Größenwahn und Überheblichkeit vorwirft.

Die aktuell hervorstechende Biografie eines deutschen Historikers ist: Heinz Thomas, Jeanne d'Arc, Jungfrau und Tochter Gottes, Berlin 2000. Thomas schafft als erstklassiger Spezialist für französische Landes- und Ortsgeschichte ein detailgenaues Bild des damaligen Frankreich, der geopolitischen Gegebenheiten und der Mentalitäten. Leider aber ist das Buch trotz gefälliger Schreibweise nur Spezialisten anzuraten, zu verliebt ist der Autor in die eigenen Deduktionen, wo sich schließlich eine «Vermutung» auf die andere aufbaut. Das Bedürfnis nach «Originalität» erzeugt leider immer wieder Paradoxien, Über- und Fehlinterpretationen.

Die jüngste deutschsprachige Veröffentlichung ist die 4-bändige Studie von Wolfgang Müller, Der Prozess Jeanne d'Arc. Quellen – Sachverhalt einschließlich des zeit- und geistesgeschichtlichen Hintergrundes – Verurteilung und Rechtfertigung – rechtliche Würdigung und Schlussbemerkungen, Verlag Dr. Kovac 2004. Diese Arbeit übersteigt jede normale Lese- und Wissenskapazität. Der zitierte Untertiel des Werkes deutet das Hauptproblem an: Unfähigkeit, dem Leser irgendein Detail zu ersparen, hinzu kommt hypertrophe Fußnoterei, ohne Weiteres wird bei FN 5000 auf FN 2000 «mit dazugehörigem Text» verwiesen. Diese veritable Unverdaulichkeit ist äußerst bedauerlich, denn der Autor bietet oft höchst fundiertes und nachvollziehbares Wissen über die gesamte Geschichte und Historiographie der Jungfrau. Es werden auch viele hundert Seiten Quellentexte (insbes. die Prozessakten), quasi nebenher ins Deutsche übertragen, allerdings leider keineswegs fehlerfrei.

In Deutschland sehr verbreitet ist die popularisierende Darstellung von Anke Kröning, Auf den Spuren der Jeanne d'Arc, München, List, 1979. Die Darstellung ist im Wesentlichen korrekt, aber wissenschaftlich anspruchslos, stützt sich auf Lucie Smith, Cordier u. a., überträgt viele Quellen gut ins Deutsche und gibt unumwunden zu, dass sie bei aller Sympathie für Jeanne d'Arc mit deren Visionen nicht viel anfangen kann.

Eine biografische Besonderheit ist: Leo Linder, Das stürmische Mädchen. Die Abenteuer der Jeanne d'Arc, Elefanten Press 2001. Dies ist ein Buch für Jugendliche und jung gebliebene Leser(innen), das aus zweiter und dritter Hand schöpft, überhaupt keinen wissenschaftlichen Anspruch hat, aus der Geschichte der Jungfrau einen animierten «Jugendroman» macht. Aber er verfälscht die Geschichte nicht und man lernt einiges bei entspannter Lektüre.

Neben den Biografien gibt es einige Arbeiten, die besonders den mentalitäts-, symbol- und institutionengeschichtlichen Zusammenhängen des Wirkens von Jeanne d'Arc gewidmet sind. In erster Linie zu nennen:

Marina Warner, Joan of Arc. The Image of Female Heroism, London 1981. Ein «must» für denjenigen, der die Mythen und handlungsleitenden Vorstellungen der damaligen literarischen und ritterlichen Welt kennen lernen will. Allerdings oft überzogen thesenartig und vor allem: Warner macht aus Jeanne, dem einfachen Bauernmädchen aus Lothringen, unwillentlich eine Intellektuelle, die sich bestens auskennt in den Vorstellungen des damaligen Rittertums.

Weniger ambitioniert, aber insgesamt gediegen und gut lesbar: Sabine Tanz, Jeanne d'Arc. Spätmittelalterliche Mentalität im Spiegel eines Weltbildes, Weimar 1991.

Ganz der zeitgenössischen Diskussion um Jeanne d'Arc und der frühen Geschichtsschreibung sind gewidmet:

Die quellennahe und tiefgreifende Studie von: Deborah Fraioli, Joan of Arc. The Early Debate, Woodbridge/Rochester 2000.

Die Aufsatzsammlung des besten Kenners der französischen Kriegs- und Militärgeschichte des Mittelalters: Philippe Contamine, De Jeanne d'Arc aux guerres d'Italie, Orléans 1994.

Eine Reihe Einzelstudien zu Leben und Nachleben der Jungfrau finden sich in folgenden Arbeiten:

Hedwig Röckelein u. a. (Hg.), Jeanne d'Arc. Oder wie Geschichte eine Figur konstruiert, Freiburg/Basel/Wien 1996. (Darin bes. der Aufsatz von Dietmar Rieger, Zum Wandel des Jeanne d'Arc Bildes, mit weiteren Literaturangaben).

Bonnie Wheeler u. Charles T. Wood (Hg.), Fresh Verdicts on Joan of Arc, New York/London, 1996.

Jean Maurice u. Daniel Coutry (Hg.), Images de Jeanne d'Arc, Paris 2000.

Gerd Krumeich, Jeanne d'Arc in der Geschichte. Historiographie – Kultur – Politik, Sigmaringen 1989.

Michel Winock, Jeanne d'Arc, in: Pierre Nora (Hg.), Erinnerungsorte Frankreichs, München, C. H. Beck 2005, vor allem für die Formen der politischen Instrumentalisierung Jeanne d'Arcs im 19. und 20. Jahrhundert.

Personenregister

Bildnachweis

S.16: cartomedia, Angelika Solibieda, Karlsruhe
S.18: aus dem France-Album à Jeanne d'Arc, Paris o.J.
S.41: cartomedia, Angelika Solibieda, Karlsruhe
S.42: aus: Régine Pernoud: J'ai nom Jeanne la Pucelle, Découvertes Gallimard Histoire, Paris 1994
S.60: Jeanne d'Arc au Sacre de Charles VII (Collection Hôtel de Ville d'Orleans)
S.78: aus: Comte C. de Maleissye: Les Reliques de Jehanne d'Arc. Ses Lettres, Paris 1909